Hardy von Arendes

Der Herr vom Siebengestirn

Deutschlands zukünftiger Fürst

Die Deutsche Bibliothek verzeichnet diese Publikation der
Deutschen Nationalbibliografie; detaillierte bibliografische Daten
sind im Internet über http: // dnb.ddb.de abrufbar

2015 © by Hardy von Arendes
Herstellung und Verlag
BoD - Books on Demand, Norderstedt
ISBN 978-3-7386-5415-8
Alle Rechte vobehalten
Printed in Germany

Hardy von Arendes

Herr vom Siebengestirn

Der Retter Europas

Der Sohn, der gekommen ist
aus der Schönheit der Sonne
um in der Wahrheit zu leben!

Vorwort

Wir wollen uns die Bedeutung der Ausdrücke klarmachen:

*Ein Genie ist ein Mensch, der weiter blickt
und tiefer schürft als andere Leute
und daher eine andere Rangordnung
ethischer Wertbestimmungen kennt als jene
und Energie genug besitzt,
die besondere Einsicht und deren Wertbestimmungen
in jeder beliebigen Weise,
die seinen eigentümlichen Fähigkeiten
am besten entspricht in die Tat umzusetzen.*

Übrigens ist Geschichte immer veraltet, warum man Kinder nie Gegenwartsgeschichte lehrt. Ihre Geschichtsbücher handeln von Zeiten, deren Denkweisen aus der Mode gekommen sind und deren Verhältnisse keinen Bezug mehr auf die Wirklichkeit haben.

Georg Bernhard Shaw
im Vorwort zur
"Heiligen Johanna" 1924

PROLOG

Szenarium eines Gespräches
zwischen
dem Bundeskanzler H. Schmidt
und
dem Fürstenpaar von Monaco
in Rom
am 03. September 1978

(Geheimtreffen zwischen dem Bundeskanzler Schmidt und dem Fürstenpaar.)

Fürst
Sehr geehrter Herr Bundeskanzler; ich hatte sie gebeten mir doch einiges über diesen Mann zu erzählen. Was geschah denn damals kurz vor dem Weltwirtschaftsgipfel in Hamburg. Der französische Präsident d´Estaing ist auf mein Anraten zu ihnen, Herr Kanzler, gereist.

Bundeskanzler
Nun existiert das Werk leider. Natürlich auch die Geheimprognose. Warum konnte man ihn nicht nach der Wahrheit fragen?

Fürst
Der hat doch geschrieben, dass alles kein Zufall ist. Na ja, wir haben halt geglaubt ...

Bundeskanzler
Glauben ist nicht Wissen.

Fürst
Ich konnte doch nicht ahnen, dass er gewußt hat, dass das Weiße Haus über seine erste Tat, dank der Mithilfe des Herrn Kissinger, eine Geheimprognose entstehen ließ.

Bundeskanzler
Und dann fing man an, denn großen Unbekannten zu suchen. Und was geschah nun? Tja, er las die Geheimprognose; und selbst das wenige, was da stand, war eindeutig zuviel.

Fürst
Und dann schrieb er den Brief vom 7.7.77 aus der Hainhölzerstrasse 7. Ich will kaum sagen, was 7 Wochen später in Monaco, dem 25. August 1977 geschah!

Bundeskanzler
Es war eine Nacht- und Nebelaktion.

Fürst
Ich kann mir nicht mal erlauben meinem eigenen Sicherheitsdienst etwas zu erzählen.

Bundeskanzler
Ich kann mir des Gefühles nicht erwehren, dass er der Mann schon sein wird, um den eines Tages Europa

drehen sich wird. Aber das er dann auch noch las: *...der ihm die Augen öffnet über die verbündeten Menschenrechtshintertreiber.* Ende dieses Zitates. Und dann kam der Brief. Ich muß ihnen gestehen, Fürst Rainier, mir wird der Mann langsam unheimlich.

Fürst
Sehr richtig! Da muß ich ihnen mit voller Überzeugung zustimmen, Herr Bundeskanzler.

Bundeskanzler
Ausserdem hat sich dann eine überraschende Wendung ergeben als Sicherheitsberater Brezinski im September 1977 in Bonn war, die sie, an Hand meiner Akten aus dem Bundeskanzleramt - streng geheim - selbst geprüft haben. Ich will ja nicht viel sagen, aber dass dieser Mann tatsächlich im Begriff ist seit dem September 1977 zu einem gesamteuropäischen Brennpunkt zu werden - zu einem entscheidenden Bindeglied zwischen der realen Vergangenheit und der mehr als wahrscheinlichen Zukunft. Schließlich wird man, wo man auch hinhört, immer auf das Jahr 1999 hingewiesen. Da ergibt sich wirklich die Frage: Zufall oder kein Zufall mehr. Und nun ist er im Begriff allein, wenn auch mit moralischer Unterstützung der USA mächtig zu werden. Wenn ihm das gelingt, bevor wir in stoppen können, ist er für uns unerreichbar geworden und für das kommende Europa, wie er es sich vorstellt, und nicht wie wir das kommende Europa wünschen, der Mann der Zukunft. Aber ich denke, es ist schon jetzt zu spät!

Fürst
Sie übertreiben doch ganz gewiß, Herr Bundeskanzler!?

Bundeskanzler
Glauben sie das wirklich? Dann wollen wir noch einmal uns gemeinsam das Bild anschauen und die Akten aus dem Bundeskanzleramt einsehen. Sehen sie sich doch einmal die Position dieses Mannes in Zeit und Raum an. Wird nicht der christliche Glaube der Glaube der Welt werden. Ist er nicht schon jetzt in seiner kritischen Phase aus Macht, Energie und Intellekt wie auch Intelligenz der sichere Weg zu einem Europa?

Fürst
Sie haben recht! Trotzdem weigere ich mich diesen höchst wichtigen Mann der Zukunft zu empfangen.

Bundeskanzler
Es wäre besser gewesen, man hätte ihn gefragt bevor es überhaupt dazu kam.

Fürst
Das lässt sich in der Retrospektive leicht sagen!

Bundeskanzler
Wie sie ja selbst wissen, war dieser für uns unmögliche Mann in ihrer Surete immerhin so gerissen, das er selbst ihre Polizeibehörde hereinlegen konnte. Mit einem Wort: er wird ständig mächtiger. Und die Surete, die glaubte ihn in der Hand zu haben, verschaffte ihm noch mehr Macht! Er galoppierte da wie ein trojanisches Pferd durch den Sicherheitsdienst.

Fürst
Ja, wenn ich nur gewußt hätte, was sein komische Akte wirklich auslöste, ich wäre höchstpersönlich erschienen, nur um das zu verhindern!

Bundeskanzler
Es ist ja auch nicht zu fassen; er läßt sogar die Interpol für sich arbeiten. Wie sagt er immer so schön: Ein Geheimdienst muß so geheimnisvoll arbeiten, dass selbst die Leute, die für ihn arbeiten, nicht einmal wissen, dass sie für ihn arbeiten.

Fürst
Und er schaffte wirklich das Unmöglich. Als die Surete ihn zur unerwünschten Person erklärte, frug er doch, wer das nun sagte; ich oder der Polizeichef. Man sagte ihm der Polizeichef. Seine Antwort darauf: Der hat ab sofort hier nichts mehr zu sagen.

Bundeskanzler
Wie mir meine Informanten berichtet haben, ist das noch lange nicht das Ende.

Fürst
Es ist ja auch kein Wunder, denn es heißt ja auch "am Ende". Und was haben wir nicht alles getan.

Bundeskanzler
Vor allen Dingen sollte man immer die Wahrheit sagen. Natürlich ist es jetzt schon lange zu spät!

Fürst
Hoffentlich kommt meine Surete nicht hinter das Geheimnis!

Fürstin
Ich denke doch ...

Bundeskanzler
Wenn ich Fürst wäre, dann würde ich folgendes tun ...

Fürstin
Welchen Rat geben sie denn uns?

Bundeskanzler
Ihn zu empfangen! Denn es ist doch ganz klar, dass man wenigstens ihn dann unter Kontrolle hat. Aber bekommt man den niemals unter Kontrolle, dann gebe ich für nichts eine Garantie ab. Das allein ist schon in meinem Interesse; schließlich kann er dann nicht mehr unkontrolliert in die Weltpolitik eingreifen. Wir alle sind von den Regierungssitzen gefallen! Am interessantesten war es im anderen deutschen Teilstaat. Da trat doch gleich der Staatsrat unter Herr Honecker mit folgender Begründung in einer aussergewöhnlichen Sondersitzung zusammen: ***Den Bericht der örtlichen Volksgruppen entgegenzunehmen.*** Doch wißt ihr, was da wirklich behandelt wurde? Sein Eingriff in die Politik. Und was kam dabei nun wieder heraus? Breschnew beschimpfte ihn als einen *falschen Menschenrechtspharisäer*; er vergaß aus gutem Grund den Namen zu nennen. Das andere war noch viel schlimmer! Es war der Stein des Anstoßes zum **oppositionellen Manifest der DDR**. Die

mussten alle glauben, was da geschrieben stand. Was glaubt ihr wohl, wer sich denn da die Hände rieb? Einer meiner Parteifreunde sagte es dann auch ganz deutlich: *Diejenigen, die diese Provokation gemixt haben, können sich heute nicht nur die Hände reiben, sondern auch noch ganz andere Körperteile, weil´s ihnen gelungen ist, die ganze Pseudodebatte hier zu beherrschen.* Ende des Zitats. und das ist bestimmt noch nicht das Ende. Empfangen sie ihn! Und setzen sie ihn nicht wieder hinter Gitter; vielleicht hat er gedacht, das gehört auch dazu, wenn er dann anfängt - laut Geheimprognose - eines fernen Tages zu Weltruhm zu kommen!

Fürstin
Ich habe es dir gesagt, Rainier, du solltest den Mann nicht unterschätzen. Wer weiß, was dem noch einfallen wird.

Bundeskanzler
Über seine Taten führt er eine eigene Akte. Und ein Durchschlag dieser Akte fiel im Juli 1978 in die US-Botschaft in Bonn.

Fürst
Er wies doch auf den Wirtschaftsgipfel hin. So sagte er es jedenfalls meinem Privatsekretär. Das kam diesem nicht ganz geheuer vor und er übergab ihn der Surete.

Bundeskanzler
Natürlich ist jetzt seine Akte wesentlich dicker geworden, als die, die in der Surete liegt. Ich brauche kein Prophet sein, der kommt noch mal und kontrolliert

seine eigne Akte in Monaco! (Geschah am 29.11.1979)

Fürstin
Oder er läßt eine fiktive Szene zwischen uns schreiben.

Bundeskanzler
Als er am 29. November 1977 den Wagen der USA vor dem Palast sah, da wußte er schon alles.

Fürst
Dann fuhr er nach Paris zurück? Und was machte er da? Er machte meine Botschaft unsicher. Da wurde er gefragt, von wo er kommt, und ob er vom Geheimdienst kommt. Er sagte: Natürlich nicht. Aber wer weiß, was er wirklich gedacht hat.

Fürstin
Wir hätten ihn nicht anlügen sollen.

Fürst
Was ist ihm den groß genug?

Bundeskanzler
Vielleicht die Welt. Wie schrieb er doch auch schon:

Nun endlich bin ich Herr der Welt
von Menschen über Menschen gestellt;
keiner ist in meinem Reich
mir an Kraft und Güte gleich.
So bin ich stets, so werde ich bleiben,
von allen werde ich´s am wüsten treiben!

Fürstin
Der treibt es wirklich schlimm!

Bundeskanzler
Nach seinen Aussagen befinden wir uns schon in der letzten Zeit!

Fürst
Was heißt überhaupt "letzte Zeit"?

Fürstin
Sind wir danach alle aufrechte Demokraten. Und ist das überhaupt eine Demokratie?

Fürst
Oder ist das wieder eine Monarchie?

Bundeskanzler
Weder noch. Das ist die Aristokratie des Geistes.

Fürst
Was versteht man denn darunter?

Bundeskanzler
Das kann euch der Mann viel besser erklären.

Fürst
Ist er so intelligent, so etwas mit aufzubauen?

Bundeskanzler
Intelligent? Das ist eine wahre Intelligenzbestie. Da hatte er doch die Unverfrorenheit in die Höhle des

Löwen zu marschieren; und der Löwe, man glaubt es nicht, ist auch zu Haus, und schon schnappt er nach ihm. Und was denkt ihr nun, was unser Mann da macht? Er zieht dem Löwen die Weisheitszähne.

Fürstin
So, so!

Bundeskanzler
Der hätte - unter uns gesagt - nie das Buch lesen sollen; denn bei den Weisen, die das Kommende vorhersagten, geschah das was man in den Büchern aufgeschrieben fand. Sie sind zwar verborgen, aber ihre Wirkung erstreckt sich auf jedermann der darin liest.

Fürst
Dann auch auf meine Surete?

Bundeskanzler
Ganz recht. Auch der US-Präsident las besagte Zeilen. Deshalb schickte er doch den Henry nach Frankreich!

Fürstin
Doch Wunder wird es nicht mehr geben! Es können keine mehr geschehen!

Bundeskanzler
Zitiere ihn selbst, nach einer Parodie der romantischen Tragödie *Die Jungfrau von Orleans* des deutschen Dichters Friedrich von Schiller:

<u>Geschlagen</u> sind wir in <u>zwei</u> großen Weltkriegen, verloren sind alle Länder östlich der Oder.

Mitten im Deutschen Reich steht der Feind
- auch heute noch im Jahre 1978 -
<u>beiderseits der Mauer!</u>
Aber es geschehen noch Wunder!
Eine weiße Taube wird fliegen
und mit Adlerskühnheit diese Geier anfallen,
die das heilige Deutschland niedergeworfen haben,
- aber der HERR wird mit ihm sein;-
denn einen kühnen Fürsten wird er sich erwählen,
und in ihm wird er sich verherrlichen,
denn er allein ist der ALLMÄCHTIGE!

Fürstin
Wird das hier auch eine romantische Tragödie?

Bundeskanzler
Es wird schon romantisch werden; aber auch eine Tragödie? Wer weiß das denn schon?

Fürstin
Und ist das wirklich alles? Oder steckt nicht viel mehr dahinter?

Bundeskanzler
Alles?" Zum Beispiel auch dieses noch: Wieder frei nach Schiller:

Er sprach zu mir aus dieses Buches Seiten:
"Geh hin! Du sollst auf Erden für mich streiten!"

Fürstin
Das müssen wir uns durch den Kopf gehen lassen, nicht wahr, Rainier?

Fürst
Ich bedanke mich bei Ihnen, Herr Bundeskanzler, für dieses sicher einmal notwendige und informativ wichtige Gespräch!

Bundeskanzler
Das Vergnügen war ganz auf meiner Seite!

ERSTER TEIL

1.) Sondersitzung am 08. April 1998
Berlin-Charlottenburg;
Schloßstrasse 70
2.) Sondersitzung am 17. Juni 1998
Berlin-Charlottenburg;
Schloßstrasse 70

08. April 1998

70 Wochen vor dem Tag X

Ort
BERLIN-Charlottenburg
Schloßstrasse 70

Sitzungssaal
Planquadrat 47
Haus 2
Raum 19

Teilnehmer:

XYZ, der große Unbekannte
Fürst Rainier III. de Monaco
Abgesandter der Bundesregierung
Botschafter der vier Siegermächte
EU-Kommissar
Bundespräsident
Matthias Prinz, Anwalt

Ticken einer Uhr
Bild eines Zifferblattes
Stundenzeiger zeigt auf 10 Uhr
Minutenzeiger zeigt auf 59 Minuten
Sekundenzeiger zeigt auf 59 Sekunden

Sondersitzung

Zwecks einer Entscheidung über den Antrag auf Ermordung des 7. Kindes der Nofretete mit XYZ als Attentäter
(Bestürzung)

Fürst von Monaco
Das darf doch wohl nicht wahr sein, XYZ! Wie können sie es wagen, einen solchen Antrag zu stellen? Was sollte denn eine so aussergewöhnliche und gefährlich Maßnahme rechtfertigen?

XYZ
Eine wahrhaft erstaunliche Entwicklung die sich im Leben des Siebenten Kindes der Nofretete vollzogen hat. Ich bitte doch alle Anwesenden den Fall zu begutachten
(Allgemeine Begutachtung der Akte.)
Wir alle wissen doch dass er unser gefährlichster Feind ist, oder wie Allgeier meinte, der härteste Gegenspieler überhaupt. Er steht wahrscheinlich hinter dem Krieg gegen Monaco. In unsere Botschaft in Bonn fiel uns sein Bulletin offiziell Nr. 000 in die Hände. Falls wir dem

kein Ende machen, müssen wir gefasst sein, dass wir das Schicksal von Minderheiten erleiden werden!

Fürst
Diese Befürchtung ist leider angebracht. In dem Brief vom 21. Jahrestages seit dem Beginn, schrieb er, dass nötigenfalls Paris eine Kompanie der Fremdenlegion nach Monaco schickt und damit das Fürstentum dem Departement Alpes-Maritim zuschlägt. Mit Paris in dem Brief meinte er sich doch natürlich selbst. Was sagen sie denn dazu, als Botschafter von Frankreich?

Botschafter F
Was soll ich dazu sagen? Liegen wir mit ihm im Kriegszustand, oder liegen sie mit ihm im Krieg! Was de Gaule nicht schaffte, vielleicht schafft er's!

Fürst
Sie sind mir eine schöne Schutzmacht!

XYZ
Ausserdem unterstützt er den Ministerpräsidenten von Niedersachsen in Bezug auf die Kanzlerschaft. Sollte es dem Herrn Schröder gelingen in einem geradezu historischen Erdrutschsieg zum Kanzler gewählt zu werden, dann weiß ich auch nicht mehr weiter. Immerhin spielt er im Hintergrund eine große Rolle.

Fürst
Die Befürchtung ist leider angebracht. Er schreckt vor nichts und niemandem zurück; nötigenfalls benutzte er dazu meine älteste Tochter, und benutzt sie auch schon

ohne dass wir es irgendwie gerichtlich verhindern können. Und das begann schon vor 21 Jahren als Henry Kissinger in Monaco war, und wir glaubten doch, dass es um den Charles von England ging. Und nach der Feier war Henry im Weißen Haus und dann entstand die Geheimprognose über den Retter von Europa. Also schon damals benutzte er meine Tochter um seine Ziele in ferner Zukunft durchzuführen. Für ihn muß das Jahr 1976 ein wichtiges Jahr gewesen sein. Und am 7. Dezember 1977 war er zum ersten Mal in unserer Botschaft in Paris. Ein Jahr später tauchte er im Palast auf. Und mein persönlicher Sekretär lieferte ihn der Surete aus. Man hätte ihn doch lieber im Mittelmeer ertränken sollen und kein gallischer Hahn hätte mehr nach ihm gekräht.

XYZ
Nun ist, wie wir festgestellt haben eine weitere Person in das Leben dieses Mannes getreten. Schon im letzten Jahr wurde sich nach einer 20jährigen Ruhezeit durch einen Zeitungsartikel am 04. Januar 1997 in der Hannoverschen Allgemeinen Zeitung, aktiviert und das auch noch auf Seite 1; und heuer trafen sich beide zum ersten Mal am 8. März im Theater am Aegi. Doch bevor er sie traf, ließ er sie grüßen: Traumhaft! 1 A 4 Komet Hale-Bopp.

Ob Zufall oder Vorherbestimmung.
Das ist in der Wirkung gleich.

Und am 11. März bedankte sich dafür, dass er sie ins Theater am Aegi ausführte mit dem Gruß:

Es war traumhaft
Der Engel hat die Nähe vom lieben Gott genossen.

Mit ihr hatte er schon von August 1976 bis November 1976 brieflichen Kontakt gehabt. Es war sozusagen seine Generalprobe für das Ereignis am 13. Oktober 1976. Und nun plante er zum zweiten Male die Sache mit uns, wobei gesagt ist, das wird wesentlich größer. Nicht umsonst heißt es auch: Große Dinge geschehen zweimal auf dieser Erde. Und mit ihr begann er auch wieder. Und er antwortete darauf:

Es war traumhaft!
Mein Engel, ich bin nicht der liebe Gott!
Nur mit der Sondervollmacht!

Und nun ist, wie wir es schon seit Jahren verfolgt haben, eine neue Entwicklung eingetreten! Wie sie wissen, mein Fürst, waren am 15. Oktober in Hannover die Druckmaschinen der BILD "kaputt", weil sie eine Weltsensation gewittert haben; die ja, dem Himmel sei Dank nicht eintrat. Ich denke nur an den Brief an den deutschen Anwalt vom 13.Oktober 1997 Er rechnete mit sieben Tagen, dass sie nach Deutschland kam, aber doch nicht so schnell, und auch nicht nach Hannover. Später war sie wegen ihm nochmals in Hamburg, wo sie die niedersächsische Ministerin Griefahn traf.- Und er spricht vom großen Weltbeben, das noch kommen soll. Wobei er meint, dass Monaco auch seine Rolle darin zu spielen hat. Auch später wird er keine Ruhe geben; kein Wunder, dass er es die "große Endschlacht" nennt.

Fürst
Was meinen sie denn mit der großen Endschlacht? Dass die Nofretete auf der Mauer vorm Brandenburger Tor stand konnte von den vier Mächten noch einmal mit knapper Not von einer Berichterstattung in den Medien abgewendet werden. Denn wenn das wirklich geschehen wäre, die Mauer hätte nicht mehr bis Ende 1989 durchgehalten und wäre dann schon gefallen. Und unser aller Freund Mitterrand wollte die Wiedervereinigung bis zum Schluß verhindern.

XYZ
Davon will ich nicht reden; aber durch den zu erwartenden Wahlsieg Schröders, der so sicher ist, wie die Sonne am Himmel steht, beginnt Berlin wieder seine führende Rollen in Europa zu übernehmen, und durch die "geistige Mutter" des 7. Kindes steht wirklich Berlin davor, zu einem unumschränkten Brennpunkt Europas zu werden. Da sich nun der Mann in einer Neuorientierung seiner selbst befindet, wird er gegen unsere Mittel immun, und steigt zum Mann der Jahrtausendwende auf! Wie die Sonnenfinsternis vom 11. August 61 zwei Tage später den Mauerbau angekündigt hatte, so wird auch bald etwas geschehen. Wie sie auch wissen, mein Fürst, wurde die Nofretete 1912 gefunden - und 7 x 7 Jahre weiter schreiben wir das Jahr 1961. Wenn man den Geburtstag des Siebenten Kindes der Nofretete nimmt, den 25. Juni und hier 7 x 7 Tage weiter rechnet, schreiben wir den 13. August; beide Daten nun zusammengesetzt ergeben als Datum **den Tag des Mauerbaues: den 13. August 1961.** Und es wird immer offenbarer, das was er sagt, auch eintritt,

und in dem Brief vom 28. Januar 1998 hatte er ja unmißverständlich gesagt, warum das alles kommen wird; und warum es nicht zu verhindern geht.
(Große Erregung. Zwischenrufe.)

Prinz
Laut Aussage in seinem Brief; ich zitiere ihn selbst:
... und das letzte Ereignis zu ersten macht:
*Es entstand ein großes Erdbeben,
denn ein Engel des Herrn kam vom Himmel herab,
wälzte den Stein beiseite
und setzte sich darauf. (Matth. 28, 2)
... und die Nofretete wurde auf die Mauer gesetzt,
dann fiel die Mauer
und vom Himmel der Engel
bringt das große Erdbeben.*

Ende des Zitats. Am 20. Januar 1985 stand sie auf der Mauer. Und das Brandenburger Tor wurde planmäßig am 22. Dezember 1989 geöffnet; da bleibt ja nur noch das große Erdbeben übrig!

Bundespräsident
Schon im letzten Jahr war ich auf einer Stippvisite in Washington. Es war kein Zufall, dass ich auch den Henry Kissinger aufsuchte. Da beklagte sich doch das Kind der Nofretete einfach, warum ausgerechnet er "Eintritt" bezahlen muß im Ägyptischen Museum. Es sind ja schöne Sachen, die man von ihm hört. Und eine Bundesrepublik scheint der überhaupt nicht zu kennen.

XYZ
Wenn er die Kühnheit besitzt, das Grundgesetz für sich

persönlich ausser Kraft setzt. Es ist wirklich nur das letzte Mittel wirksam. Und dass er sehr gefährlich ist wissen wir. Und ich denke, dass er es mit dem Untergange des Fürstentumes Monaco ernst meint.

Prinz
In dem Brief vom 13. Oktober des Vorjahres schrieb er:
"In der Tat, wenn das Erscheinen des Siebenten Kindes der Nofretete kommt, schrumpft selbst der Watergateskandal zu einem unbedeutenden Vorspiel zusammen!" Mein Fürst und das ist noch eine Untertreibung; bei dem Beben hat es den Watergateskandal nie gegeben. Und der kleinste souveräne Staat, wenn wir den Vatikan nicht dazu zählen, wird den gewaltigsten Skandal der Weltgeschichte entfesseln.

Fürst
Sicherlich übertreiben sie maßlos, Herr Prinz!

Prinz
Sie wissen doch, Prince Rainier, warum er das durchführt; und als er schrieb:
"Und da Caroline mehr als Spielball der Weltmacht, speziell der Weltmacht USA benutzt wurde; und wahrscheinlich sogar noch wird..."

Botschafter USA
Ich muß doch wohl mal hier bitten!

Prinz
"... wird es innert der kommenden Zeit sehr wohl zu einer spektakulären "Serie" und zwar weltweit,

ausgehend von Hannover und Monaco über die Menschheit kommen."

XYZ
Er hat nur vergessen zu schreiben, dass er die Weltmacht USA selbst benutzte, also, dass er hinter der USA steht, ohne dass er selbst gesehen wird.

Botschafter USA
Da ist es auch gar kein Wunder, wenn wir ihn für den leibhaftigen Satan halten.

Prinz
Hören sie weiter:

"Und es wird über Caroline ablaufen, denn der ALLMÄCHTIGE wird sich schon etwas dabei gedacht haben, dass es so laufen wird, wie es zu geschehen hat. Und der Einfluß des 7. Kindes der Nofretete wird in naher Zukunft voll durchbrechen; inzwischen wächst er mit atemberaubender Geschwindigkeit.

Botschafter
Als im März 1982 in der Le Figaro stand:

"Mitterand-Reagan: bref tete-a-tete a la Maison Blanche
<u>*LE MYSTERE DU BUREAU OVALE"*</u>

war er auch daran schuld; die Weltpresse stellte verwundert die Frage: Da gibt es ein Geheimnis; weder Reagan noch Mitterrand haben unsere Zweifel beseitigt.

Das Kind der Nofretete hat uns im März 82 schön auflaufen lassen.

Botschaftsangehöriger 1977
Als er zum zweiten Mal in der Botschaft in Paris war, und er am 12. Dezember 1977 kam, standen wir auf der Treppe und begutachteten ihn. Damals konnten wir wirklich noch nicht wissen, dass es zu einem generellen Auftrittsverbot für ihn kommt. Noch weniger konnten wir wissen, dass er sich daran nicht hält. Und insgesamt kam es dann zu den sieben Rauswürfen. Im letzten Rauswurf im Mai 1981 war es, dass er sich mit der Sekretärin in der Surete um den Fall der Berliner Mauer gestritten haben. Sie sagte damals: "*Das was sie vor haben, nämlich den Abriß der Berliner Mauer werden die Amerikaner mit den Russen zu verhindern wissen!*" Seine Antwort darauf: "*Kommt Zeit, kommt Tat!*"

Bundespräsident
Und darüber scheint er noch heute sauer zu sein!

Palastangestellter
Als er am Ostersonntag, dem 30. März 1997 in Monaco war, und er vor dem Palasttor stand, sagte ich ihm, er solle doch einen Brief schreiben! Ich konnte doch nicht wissen, was er wirklich damit bezweckte!

Fürst
Nachdem er die Mauer als Grabstein Christi ansieht, kam er auf den Gedanken, uns als Leute aus Emmaus anzusehen; denn größer als ein Dorf sind wir ja auch nicht. Und das aber dann Caroline nach Deutschland

fliegen musste, um diesen Brief quasi als Sonderkurierin abzuholen, das schlägt langsam den Faß den Boden auf. Und wenn er so weiter macht, sehe ich schwarz für Monaco, denn gegen ihn helfen keine Armeen der Welt!

XYZ
Meinen sie das mein Fürst? Betrachten sie die Lage des Mannes seit geraumer Zeit; denn wie wir hier sehen, nimmt seine Position in Zeit und Raum ständig zu. Und denken sie auch daran, dass der Zyklus mit der Nofretete oder des 7-Tages-Zyklus haargenau eintraf. Ein bißchen viel des Zufalles! Und wird nicht durch sein Erscheinen die Wirklichkeit eine deutsche Wirklichkeit in Europa werden? Schon Paul Erdmann in seinem damaligen Buch "*Amerikas letzte Tage*" hat das moderne Deutschland als eine Nation von mit beängstigender latenter Kraft beschrieben, und dass die Deutschen das Gefühl eines unerfüllten Schicksal hätten, sehen sich doch als Eliterasse, deren Zeit noch kommen wird, wenn nur drei politische Voraussetzungen erfüllt seien: Die Nation müsse Nuklearsprengköpfe besitzen, dazu die Mittel, solche Sprengköpfe über weite Strecken zu transportieren, und einen zu allem entschlossenen Führer. Damals meinte Erdmann, dass würde 1985 eintreten, denn Helmut Kohl hat nicht mehr den Hauch einer Chance die nächste Wahl zu gewinnen. Und wenn wir das Kind der Nofretete jetzt nicht stoppen, werden wir es niemals mehr stoppen können. Und er in seiner entscheidenden Phase, mit der Strahlkraft einer Sonne, und mit seiner Ballung von Macht, Energie und Intelligenz wird er der Mann der Zukunft sein, nachdem sich alle richten müssen.

Fürst
Sie haben leider, muß ich ihnen gestehn, recht. Dennoch bin ich nicht bereit, das Attentat zu befürworten. Sie mögen sich daran erinnern, dass fast jeder Attentäter auf frischer Tat ertappt wurde. Sie sind mir zu wertvoll, um sie zu opfern, XYZ.

XYZ
Man muß mir erlauben, dieses Risiko einzugehen. Der Mann steht bereits kurz vor seinem weltweiten Durchbruch, und wenn er auch erst 1999 oder später stattfindet. Noch in seiner Weise ein Kind zwar, aber die Reife ist in naher Zukunft abgeschlossen. Die ganze Erde, ja sogar, die ganze Realität ist von seinem Erwachen abhängig. Und wenn er erwacht, dann sind die beiden Weltkriege, die wir gegen Deutschland führen mussten, nutzlos gewesen; denn wir wissen doch genau, es ging nicht gegen Kaiser und Führer und Vaterland: Es ging einzig und allein darum, die deutsche Nation zu vernichten. Und selbst Kanzler Kohl wollte nicht merken, oder durfte er es nicht merken, dass er nur eine Marionette in den Händen der Siegermächte war; selbst nach der Wiedervereinigung und die Deutsche in unserem Sinne regiert, und nicht wie die Deutschen es sich vorstellen. Doch wenn Kanzler Schröder regiert, na, ich weiß nicht. Ob wir dann in der Reichshauptstadt Berlin bei ihm vorstellig werden müssen!

Fürst
Es gibt doch kein Reich mehr, und schon gar kein Deutsches Reich mehr!

Botschafter USA
Mit dem haben wir eigentlich immer nur Ärger gehabt. Und auf den Gedanken zu verfallen, auch das von uns vernichtete Preussen wieder an das Tageslicht zu heben, ist ein Affront gegen die Siegermächte.

EU-Kommissar
Und ein Europa wie er es sich vorstellt, das wird es nicht geben. Und solange die Europäer das wählen, was wir wollen das sie wählen, lassen wir sie in dem Glauben, sie würden in einer Demokratie leben. Wir in Brüssel lachen doch lauthals über diese Dummköpfe. In großen Dingen werden wir bald so weit sein, wie wir in kleinen Dingen schon voran geschritten sind: Wir bestimmen in Europa was geschehen soll und nicht irgendeine nationale Regierung, die sich sowieso unserem Diktat beugen muß. Denn wir sind die wahren Herrscher Europas; und sollte es ein Land wagen aus der Rolle zu fallen, werden wir es nötigenfalls mit einer gesamteuropäischen Armee, die noch aufgebaut wird, zur Räson rufen!

Botschafter USA
Bei Saddam Hussein müssen wir leider noch die Welt täuschen, und vorgeben, wir würden für die gerechte Weltordnung kämpfen. Der American Way of Life ist die gerechteste Weltordnung die jemals die Menschheit gesehen hat; und diese Weltordnung wird von keinem kaputtgemacht, und sie wird es noch geben, wenn wir schon lange zu Staub zerfallen sind. Und das heilige römische Reich hat tausend Jahre gesehen. Die von uns

beherrschte Welt wird länger als tausend Jahre halten, und Gott wir auf unserer Seite sein, auch wenn wir zum Erhalt dieser Ordnung unsere eigenen Gesetze brechen müssen. Gott wird uns das schon nachsehen!

Abgesandter der Bundesregierung
Sind sie da als Weltmacht nicht reichlich überheblich. Auch Rom ist untergegangen.

Botschafter USA
Sie haben sich an unsere Weisungen zu halten; denn sie wissen ganz genau, dass die Feindstaatenartikel gegen Deutschland noch Kraft haben - auch wenn sie zur Zeit ruhen! - Und wenn wir es nötig befinden, weil ihr nicht so wollt, wie Amerika es befiehlt, können wir euch ganz locker mit einem Krieg überziehen, und unser Präsident, der im übrigen sogar die Funktion eines Präsidenten des Deutschen Reiches auch inne hat, erklärt als Präsident der USA, dass war für eine Verbrechernation wie es die deutsche nun einmal ist, unbedingt nötig. Und in diesem speziellen Falle braucht er auch keine Zustimmung der UNO einholen, merken sie sich das mal!

Abgesandter der Bundesregierung
Dann hat er also doch recht mit seiner Meinung, dass das Deutsche Reich noch da ist, und wenn er behauptet, dass die Berliner Mauer symbolisch der Grabstein Christi war, und Christus voll und ganz, und nicht etwa zur Hälfte nur aufgestanden ist, würde das ja etwas ganz eigenartiges bedeuten!

XYZ
Ganz klar: das bedeutet dass das Deutsche Reich mit all seinen Gliedern, das heißt, der ganze Reichskörper wiederkehrt.

EU-Kommissar
Was denken sie sich, warum wir den Euro wohl einführen werden? Die Le Figaro hat schon absolut recht, wenn sie sagt:

> *"Maastricht c´est Versailles sans guerre*
> *les Allemands pairont tout! --*
> *Masstricht ist ein Versailles ohne Krieg,*
> *die Deutschen werden alles bezahlen!*
> *In Versailles bluteten die Deutschen nur einmal,*
> *in der Währungsunion für alle Zeiten!"*

Dass die Deutsche nun für alle Zeiten bluten sollen. Na ja, der Plan geht ja auch auf; erst einmal wurden ein Teil der Deutschen reich und fett gemacht, und nun tritt der nachfolgende Plan in Kraft: den Deutschen wird der ganze Reichtum, den sie sich erarbeitet haben, soll wieder weggenommen werden. Schließlich müssen die Kriegskosten der letzten beide Kriege noch bezahlt werden Und wie der Gewinner alles bekommt, so zahlt der Verlierer, in diesem Falle Deutschland, die ganze Zeche. Und wenn sie das nicht akzeptieren sollten, dann werden unsere amerikanischen Freunde die deutsche Nation endgültig vom Erdball herunterbomben. Also mein lieber Abgesandter des Kanzlers denken sie daran!

XYZ
Ich erinnere an den Brief vom 28.1.1998. In diesem

schrieb das Kind der Nofretete, dass sie als Deutsche sich nicht an aufgezwungene Verträge halten bräuchten. Wenn mich jemand erpresst, werde ich wohl kaum später mich an die Abmachungen halten. Das Reich ist doch noch da; in der Zeit liegt es bereit, wie es auch sei; und wer das Recht und die Geduld besitzt, schafft es auch wieder herbei. Deshalb stelle ich noch einmal den Antrag auf Ermordung!

Fürst
Sie verlangen, dass wir *ihren* Tod beschließen? Der Mann schrieb doch selbst, dass er nicht zu besiegen sei!

XYZ
Wir haben keine weitere Wahl! Wir hätten mit dem Ende des heutigen politischen Europas zu rechnen, um dem deutschen Europa Platz zu machen; und dafür haben wir zwei Weltkriege gewonnen? Damit nachher die Verlierernation über uns herrscht? Nein! Das Kind muß verschwinden von der Bühne der Welt. Ich bitte hier und heute um die letzte Abstimmung! Und wenn das nicht reichen sollte, bitte ich zu überdenken, wie gefährlich er wirklich ist!

Fürst
Lassen wir ihn doch machen. Wir sind gewarnt und haben Zeit. Wir können ihn an einem anderen Kreuzweg der Zeit in den Arm fallen!

XYZ
Abstimmung! Ich fordere die Abstimmung! Und ein Mann, wie er es ist, der noch nicht einmal Angst vor den

Weltmächten hat, ist zuviel auf der Erde!

Bundespräsident
An seinem 35. Geburtstag wurde er in Ostberlin von Honeckers Abgesandten interviewt - wurde auf Tonband aufgenommen -und da stellte man ihm die Frage, warum er keine Angst vor den Weltmächten hat. Und seine Antwort darauf: die hat er abgegeben an der Garderobe der Weltgeschichte. Ich hatte auch schon die Ehre das Interview zu geniessen.

XYZ
Denken sie wahrlich daran, Darum fordere ich nochmals die letzte Abstimmung!

> Gongschläge einer Uhr -
> Zeiger steht auf
> **High Noon**

17. Juni 1998

70 Tage vor dem Tag X

Ort
BERLIN
Charlottenburg
Schloßstrasse 70

Sitzungssaal
Planquadrat 47
Haus 2
Raum 19

Teilnehmer:

XYZ, der große Unbekannte
Fürst Rainier III. de Monaco
Caroline, deren Tochter
Ernst August von Hannover
Bundespräsident
Bundeskanzler
Botschafter der vier Siegermächte
Ministerpräsident von Niedersachsen
DR. Rainer M.Gohlke
Johannes Ludewig (Vorstandsvorsitzender der DB) Udo
Röbel (Chefredakteur der BILD)
Patricia Riekel (Chefredakteur der Bunten)
und als besondere Gäste
Heidemarie Gohde (ehemalige Staatsschauspielerin)
Claudia Graf (Altstätten-Hinterforst SG, Schweiz))

Elke Tietz (Hannover)

Ticken einer Uhr
Bild eines Zifferblattes
Stundenzeiger zeigt auf 13 Uhr
Minutenzeiger zeigt auf 00 Minuten
Sekundenzeiger zeigt auf 00 Sekunden

2. Sondersitzung

Zwecks einer nochmaligen Entscheidung über den Antrag auf Ermordung des 7. Kindes der Nofretete mit XYZ als Attentäter

(Sehr große Bestürzung und Betroffenheit)
XYZ
Es freut mich wieder, dass die hier Anwesenden meiner Einladung gefolgt sind. Leider sind wir in dem besonderen Fall des Siebenten Kindes nicht weiter gekommen. Besonders freut es mich, dass wir als Gäste Elke, Claudia und Heidemarie begrüßen dürfen.

Claudia
Darf ich einmal fragen, warum ich zu dieser illustren Gesellschaft geladen bin; und ich denke, dass Elke und Heidemarie sich dem anschließen werden.

XYZ
Dazu bitte später mehr! Mein Fürst, leider sind wir bei dem Mordkomplott nicht weitergekommen; eigentlich sollte er schon in den ewigen Jagdgründen weilen.

Fürst
Dann tun sie endlich gegen ihn etwas; wir können doch nicht ewig warten!

XYZ
Als wir unsere letzte Sitzung am 8. April um 10 h 59 begannen, konnte keiner von uns wissen, das exakt 8 Wochen später der ICE 884 hinter Celle in Eschede um 10 h 59 entgleist ist; mithin auf die Minute genau. Dr. Gohlke, als sie noch vor 13 Jahren Vorstandsvorsitzender der DB waren, haben sie oder vielmehr die Direktion Hannover die Gefahr gesehen, dass es in Celle eventuell zu einem Unfall kommen könnte. Man wußte schon damals wer er in Wirklichkeit war.

Dr. Gohlke
Sie haben recht. Nur es war doch nicht so einfach, nachdem er damals schon geschrieben hatte, das Kanzler Kohl sich für die Wiedervereinigung bereit machen sollte. Aber was machte Kanzler Kohl? Er, als Staatsmann alles besser wissend, ignoriert er es.

XYZ
Ja, wahrscheinlich ist es in Deutschland schon lange verboten, private Briefe zu schreiben. Und ausserdem stehen Genies jenseits allem Begreiflichen, es sind eben doch halbe Verrückte!

Dr. Gohlke
Im Jahre 1986 kam ich aus Moskau wieder, und war am 30.Oktober in Hannover ...

XYZ
Entschuldigen sie, dass ich sie unterbreche. Wenn ich es richtig in Erinnerung habe, waren sie gegen 13 h 30 an diesem Tage auf dem Hauptbahnhof in Hannover selbst gewesen; denn genau zu diesem Zeitpunkt war ein Bombenalarm. Was sie nicht wussten, Dr. Gohlke, ist, dass das siebente Kind der Nofretete direkt neben ihnen stand, und dachte: Mein lieber Dr. Gohlke, eigentlich bin ich derjenige der die Bomben wirft. Und am nächsten Tag stand in der HAZ: *Im Schließfach 766 liegt eine Bombe. 10 Minuten später kam nochmals ein Anruf: Ich weiß, wie sie zu entschärfen ist.* Und was lag nun drin? Ein schwarzer Helm und eine grüne Kordel. Sagen sie mal, ganz unter uns, war der Geheimdienst daran auch beteiligt?

Dr. Gohlke
Von der Bombendrohung wusste ich, stand ja daneben! Ich kam, wie gesagt, gerade aus der Direktion; aber dass er ausgerechnet neben mir stand, als ich mir das ansah, davon wusste ich bisher nichts!

Fürst
Schon im Dezember 1977 fragte mein Botschaftsangehöriger ihn, ob er denn vom Geheimdienst kommt.

Claudia
Jetzt kann ich mir schon denken, warum ich hier bin. Ich habe ihm damals schon unter den Dächern von Paris gesagt: *Hardy, vor dir ist ja kein Mensch mehr sicher,*

nicht einmal der amerikanische Präsident! Und er mir darauf antwortete: *Der schon gar nicht!*

XYZ
Im übrigen, meine Herren, ist sie die zweite Wassermannfrau, sie ist geboren im Jahre 1957 im Februar, die er damals im Hotel de Monaco in der rue Champillion in Paris kennenlernte.

Caroline
Du bist hier die zweite! Wie ist er denn so?

Claudia
Das ist schon lange her; aber fragen wir doch einmal Elke!

Elke
Ich habe ihn zum ersten Mal am 8. März dieses Jahres im Theater am Aegi gesehen. Ich denke, dass er schon etwas Besonderes ins Auge gefasst hat. Für ihn gibt es sowieso keinen Datenschutz. Er erzählte mir nur, dass er, wenn es das Königreich Hannover noch geben würde, wäre er im Königreich Hannover geboren worden.

Ernst August
Musste er denn den Brief vom 13. Oktober 1997 schreiben; und es hat in der Tat keine sieben Monate gedauert. Aber wie können wir dem Mann das Handwerk legen? Denn seitdem stehe ich unter einem ständigen Streß! Ich prügelte auf den Kameramann ein; aber gemeint war ganz wer anders. Deshalb nennt er

mich auch immer mein König. Ich glaube, dass er sich über unsere Titel gewaltig lustig macht. Sooo schnell war meine Freundin noch nie gereist, wie am Tage nach dem 13. Oktober.

Bundeskanzler
Wie kann man auch mit einem Regenschirm prügeln? Und wer dann den Schaden hat, der braucht bekanntlich nicht mehr für den Spott zu sorgen! Und wenn er ein Elefantengedächtnis besitzt, konnte man in Monaco schon mal wieder anfangen darüber nachzudenken, wann er wieder beginnen wird!

Heidemarie
Ich wußte schon damals, dass er nicht so harmlos ist, wie er uns weißzumachen beliebte!

Bundeskanzler
Mir kommt das alles irgendwie so bekannt vor.
XYZ
Wahrscheinlich durch den Geheimdienst! Ich denke, sie müssten das wissen. Na, Heidemarie, dann erzähle und doch einmal, wieso sie hier sind!

Heidemarie
Das habe ich dem Herrn Honecker doch zu verdanken. Das ist doch niemals ein Zufall gewesen. Ich war auf ihn angesetzt, aber leider hat er nicht so gewollt, wie die Staatsführung der DDR es wollte. Aber als er noch in Hannover arbeitete stand mal im Juni 1983 an einer Bank auf dem Bahnhof Hannover-Linden folgender Satz:

Achtung ! Sie verlassen hier den Sektor der BRD!
Now you are in Honeckerland!
Im übrigen dürfte er sich fragen, wo ich jetzt abgeblieben bin.

XYZ
Nun hat er aber, wenn man den Unfall mit dem ICE betrachtet, vor genau 8 Monaten einen Brief geschrieben, worin steht: ... trotz alledem bis ins 21. Jahrhundert die Bevölkerung der Bundesrepublik, das niemals existieren dürfte, Deutschland von 70 Millionen auf nur 8 Millionen heruntergefahren wird.

Röbel
Was geht eigentlich der Geheimdienst unser Briefwechsel an?

XYZ
Das sind doch nur ein paar Brief gewesen; ausserdem sagt er immer wieder: Ein Geheimdienst muß so geheim sein, dass selbst Leute die für ihn arbeiten, nicht einmal wissen, dass sie für ihn arbeiten. Ausserdem kann Elke ein Lied davon singen.

Elke
Das kann man wohl sagen. Der benutzte mich einfach ohne zu fragen; aber ich wollte ja immer das Besondere, und nachdem ein Rätselraten zu Ende war, begann ein Neues! Caroline, du brauchst dich gar nicht beklagen, dass er es über dich macht. Der einzige Unterschied zwischen uns beiden besteht darin, dass mich niemand kennt, und daher uninteressant für die Presse bin.

Caroline
Das fragt sich nur jetzt: wie lange?

Elke
Er macht es mit altägyptischer Frauenpower!

Ministerpräsident von Niedersachsen
Ich glaube gar, dass er in unsere Geschichte eingreifen will.

Bundeskanzler
Mann, das hat er doch schon! Die Nofretete auf der Mauer war von tiefster symbolischer Bedeutung! Und das musste er ausgerechnet noch Am Tage der zweiten Amtseinsetzung von Ronald Reagan in Washington in Szene setzen!

Ministerpräsident von Niedersachsen
Aber mit der Hilfe der Nofretete könnte man, wenn man wollte und sie auch einsetzt, schon allein genug Punkte sammeln. Und das dürfte reichen, dass der nächste und siebente Bundeskanzler aus Niedersachsen kommt. Herr Kohl, ich gebe ihnen einen guten Rat: Treten sie in Würde zurück, bevor das Volk sie stürzt.

Bundeskanzler
Das werden wir noch am 27. September sehen.

Ministerpräsident
Das werden wir auch. Um was wollen wir wetten, dass sie kein Bundeskanzler mehr sein werden?

Botschafter USA
Lassen sie doch die Streitereien. Es gibt Wichtigeres zu tun! Langsam wird er uns lästig!

XYZ
Ich habe doch die Forderung erhoben, ihn nicht mehr leben zu lassen. Man muß nur bedenken, dass er die Forderung erhoben hat, Preußen wieder herzustellen.

Bundeskanzler
Das findet nicht statt.

XYZ
Bei der Einführung des EURO sind 70% der Deutschen dagegen. Das nützt nur nichts, weil 100% Helmut Kohl dafür sind. Und wie Herr Kohl, als der große Diktator, wenn auch nur auf Zeit, dem deutschen Volke seinen Willen aufzwingt, so braucht man bei der Auflösung der verschiedenen Länder keine Volksabstimmung zu tun; man löst die Länder einfach auf, und fasst sie zu einem neuen Bundesland Preußen zusammen. Voila! Preußen ist zu Freude unserer Freunde wieder auf die Weltbühne zurückgekehrt. Die Nofretete steht sogar im Besitz eines Landes, dass es nicht geben sollte: Staatlich Museen Preußischer Kulturbesitz.

Botschafter Frankreichs
Am 26. Juni 1980 war er damals im ägyptischen Museum hier, und eine Dame von der französischen Stadtkommandantur war auch an diesem Tage in diesem Gebäude. Nun ja ...

Bundespräsident
Was heißt denn hier: Nun ja?

XYZ
Das heiß, dass er bereits zu diesem Zeitpunkt ein Fall für die vier Mächte wurde, mit Deutschland als Ganzes im Besonderen. Man erzählt ja immer wieder die Bundesrepublik Deutschland sei souverän, aber stimmt das denn auch? Das gilt nicht für das noch immer übergeordnete Deutsche Reich, das noch weiter existiert. Da sind ganz andere Maßstäbe gültig.

Heidemarie
Das ist ja auch der wahre Grund, warum ich flüchten musste, steht in der BILD vom Oktober 1981. Aber er hat das so ernst nicht gesehen. Dann schrieb er mir einen Brief im Januar 1983. Und in diesem Brief schrieb er von der sogenannten DDR, sowie der sogenannten BRD. Nur mit dem Kennenlernen wurde es nichts. Denn er hat mich im Ballhof des öfteren gesehen. Und weil das Leben eben doch so verwirrend ist, warte ich noch heute auf das Wunder.

XYZ
Das Wunder bestand darin, daß in der Woche darauf zum allerersten Male die FF-Dabei in Hannover erschien; und in einem Kinderrätsel der Vorname eines Mädchens gesucht wurde. In der nächsten Ausgabe wurde die Lösung präsentiert: Heidemarie. Welch Zufall?

Heidemarie
Deshalb nannte er auch das Theater am Aegi:
A uch *E* ngel *G* ehen *I* ns Theater. Nicht nur ins Theater gehen sie. Sie stehen, wie ich damals auch auf der Bühne, obwohl ich damals - Mensch, ist das lang her - auch mitgesungen habe: ***Tugend währt nur kurze Zeit, dann ist sie Vergangenheit.***

XYZ
Weil wir gerade vom Warten und der Vergangenheit sprechen: Seit 1978 wartet er auf eine Antwort aus Bonn; denn der Mann aus der amerikanischen Botschaft sagte damals: ***Wir lassen von uns hören!*** Und nur das Gegenteil trat ein: darauf wartet er heute noch!

Riekel
Dann haben sie den Brief am 13. Juni nie geschrieben?

Elke
Habe ich auch nicht; genau so wenig habe ich damals den Brief im Jahre 1997 geschrieben habe.

Röbel
Da wussten wir noch nicht, als wir den Brief bekamen, wer der Urheber gewesen sei.

XYZ
Doch hättet ihr es wissen können. Denn im Jahr 1977 - lang ist es her - schrieb er ein Brief, den ihr beantwortet habt - Aktenzeichen 2333/f/be 2 12.1977. Aber da waren sie noch nicht Chefredakteur; habt ihr den Brief

überhaupt noch?

Riekel
Er schrieb: "ein weiterer Abschnitt sollte sich in der Surete public in MC/Monte Carlo befinden."

Caroline
Deshalb darf nur über Monaco geschrieben werden, wenn wir es genehmigen, sonst nicht!

Riekel
Noch haben wir hier die Pressefreiheit in Deutschland. Und wie wollen sie das verhindern, was am Ende doch nicht zu verhindern geht!

XYZ
Man hätte ihn nicht als Schwerstkriminellen ohne Grund behandeln sollen. Mein Fürst, sie hatten Zeit genug, dass aufzuheben. Nicht zufällig war Bundeskanzler Helmut Schmidt im Februar 1980 in Monte Carlo. Da es nun zu spät ist, gibt es nur eine letzte Schlußfolgerung, bevor er noch gefährlicher wird: ihn nun endlich aus dem Verkehr zu ziehen.

Bundespräsident
Es ist wirklich gut, dass ich nicht mehr lange Bundespräsident bin. Und bis dahin wird kein politischer Mord unter meiner Amtszeit geschehen; denn schon nächstes Jahr ist die berühmte Sonnenfinsternis, und bis dahin sollte man noch warten.

XYZ

Soviel Zeit haben wir nicht mehr, denn sonst geschieht das, was schon einmal geschehen ist! Daher noch einmal zurück zum Unfall in Eschede. Wenn man das Foto ansieht, kann man frei nach Schiller sagen:

So wie sich der Sonne Scheinbild naht, ehe sie kommt, so schreiten auch ihren Geschicken ihre großen Geister voran, und in dem Heute wandelt schon das Morgen!

Das Kreuz lag auf dem Boden der Bundesrepublik Deutschland und sieben Personen standen vor dem Kreuz, wobei symbolisch die sieben Personen die bisher sieben Bundespräsidenten darstellen würden; und sie trauern um das Ende der Bundesrepublik. Und dazu musste erst ein ICE der Allmächtige entgleisen lassen. Und nicht etwa irgendwo, o nein, in Eschede, das heißt hinter Celle. Selbst Alt-Bundeskanzler Schmidt stellte mal die Frage, wie lange es denn noch eine Bundesrepublik geben wird. Und mein Fürst, wenn sie die Macht haben, diese Sonnenfinsternis vom 11. August 1999 zu verhindern, dann werden sie diesen Krieg gewinnen; werden sie aber dazu nicht in der Lage sein, dann wird das siebente Kind der Nofretete die *große Endschlacht* - so meint er es, gewinnen!

Fürst

Deshalb muß das Kind ja von der Bühne der Welt endlich weg. Langsam neige ich mich zu dieser Ansicht durch. Also tun sie etwas dafür!

Claudia
Wo bin ich hier eigentlich hingeraten. Sind wir hier bei der Gestapo oder der Stasi? Da mache ich als freie Schweizerin nicht mit. Und selbst wenn ihr alles gegen ihn unternehmt, so wird euer Plan niemals aufgehen. Habt ihr es die letzten zwanzig Jahre nicht geschafft, warum solltet ihr es dann in den folgenden zwei Jahren schaffen.

Elke
Und immerhin braucht Hannover ausser der Weltausstellung im Jahre 2000 auch noch das große Weltbeben mit dem Epizentrum der niedersächsischen Hauptstadt.

Bundespräsident
Und der Engel erscheint doch erst nach dem Wegwälzen des Grabsteines.

Ministerpräsident
Dann müsste das Kind der Nofretete erst nach dem Fall der Mauer erscheinen.

XYZ
Da wir immer noch nicht zu einer klaren Entscheidung gekommen sind, vertagen wir das alles auf den kommenden 13. August zu einer wirklich aussergewöhnlichen Konferenz.

ZWEITER TEIL

7. Jahrtausendkonferenz

13. August 1998

Hannover
Theater am Aegi

Bühne

Vorsitz

Bundespräsident
Bundeskanzler
Ministerpräsident von Niedersachsen
Oberbürgermeister von Hannover

Teilnehmer

XYZ, der grosse Unbekannte
Bill Clinton
Georg Bush, sen.
Jimmy Carter
Henry Kissinger
Bernhard Rogers , ehemaliger Oberbefehlshaber der NATO
Wesley Clark, Oberbefehlshaber der NATO
Robert. E. Hunter

Jaques Chirac, Präsident Frankreichs
Giscard d`Estaing ehem. Präsident Frankreichs
Brigitte Sauzay; Chefdolmetscherin des verstorbenen
Mitterand
Michail Gorbatschow
Margaret Thatcher
Richard von Weizsäcker
Eberhard Diepgen
Helmut Schmidt
Helmut Kohl
Ernst Albrecht, ehem. Ministerpräsident
Rainier III. de Monaco
Caroline, dessen Tochter
Albert, dessen Sohn
Prinz Charles von England
Polizeichef von Monaco
Polizeichef von Hannover
Paul Dijoud, ehem. Regierungschef von Monaco
Botschafter der USA
Botschafter der Vereinigten Königreiche Großbritannien
und Nordirland
Botschafter der Russischen Republik
Botschafter Frankreichs
EU-Kommissar
Matthias Prinz, Anwalt
Markus Wolf, Ex-Geheimdienstchef der DDR
Heidemarie Gohde
Elke Tietz
Claudia Graf
Annette Bäder
Honorarkonsul von Monaco aus Hamburg
Kurt Allgeier

Chefredakteure der Zeitungen
BILD; Hannoversche Zeitungen
DR. Paul C. Martin; Stellv. Chefredakteur BILD
Berliner Polizisten
Präsident der Staatlichen Museen Preußischer Kulturbesitz
Lothar, Bruder des großen Unbekannten
Botschafter Ägyptens
Karol Woityla, Papst aus Rom
Gordon B. Hinkley, Präsident der Kirche Jesu Christi HLT

Als Gäste
Kristina Bach & Drafi Deutscher
Frank Schöbel

Uhrzeit
14 h 30

Protokollauszug:

Bundespräsident

Ich begrüße die Anwesenden, die zu dieser aussergewöhnlichen Einladung sich eingefunden haben. Wie die hier bereits Anwesenden informiert worden sind, stehen wir mit dieser, der 7. und aussergewöhnlichen Konferenz an der Schwelle eines neuen Jahrtausend, das wir in wenigen Jahren begrüßen dürfen. Besonders bedanke ich mich bei der Stadt Hannover, die diese Konferenz ermöglicht hat. Nicht umsonst haben wir uns in diesem Theater zusammengefunden; denn es scheint mir das einzige zu sein, dass durch die vier Buchstaben auch anzeigt, dass Engel anwesend sein werden. Insbesondere begrüße ich die Vertreter der Weltpresse, weiterer Presseagenturen. Auch begrüße ich die hier anwesenden Staatsmänner, sowie weitere Bekannte aus der Umwelt des 7. Kindes der Nofretete. Der erste Sprecher wird Kurt Allgeier sein, Chefredakteur der Astrowoche, der uns ein Referat über die kommenden Jahre gibt, und die Auswirkungen der Sonnenfinsternis vom August 1999 mit der Sonnenfinsternis vom August 1961 vergleicht, und wagt ein Blick in die Zukunft zu werfen. Aber bevor wir anfangen, bringen Kristina Bach und ihr Partner Drafi Deutscher ihr erfolgreiches Lied *Gib nicht auf* zu Gehör.

Bach & Deutscher
   denn die Lügen waren bequem ...
   gib nicht auf, gib so nicht auf!
                                    (Frenetischer Beifall)

Kurt Allgeier
Ich bedanke mich beim hochgeschätzten Bundespräsidenten, und stelle meine Ausführungen unter das Motto: **Lässt sich die Zukunft beeinflussen?** Liebe Anwesenden, man kann die Zukunft sehr wohl gestalten, positiv wie auch negativ. Man muß sich doch einmal die Frage stellen: Was wäre, wenn ...? Was wäre, um bei diesem Beispiel zu bleiben, wenn es die weltberühmte Büste der Nofretete nicht gegeben hätte? Zwar mag sie schon seit Jahrtausenden nicht mehr unter den Lebenden weilen; doch was wäre, wenn die Büste nicht nach Berlin gelangt wäre; nie hätte es dann ein

Replikat der Büste der Nofretete auf der Mauer vorm Brandenburger Tor gegeben. Und damit komme ich zu meinen Ausführungen, um die man mich gebeten hat. Um das Jahr 1999, speziell um die Sonnenfinsternis des folgenden Jahres im August. Bereits vor 450 Jahren hat ein prophetisch veranlagter Franzose diese Sonnenfinsternis als extrem wichtig in seinem Buch herausgestellt. Obwohl es nur noch ein Jahr hin ist, herrscht bei uns noch keine deutliche Übereinstimmung, was es denn nun wirklich damit auf sich hat. Die einen meinen, es wäre ein Mongolenherrscher, der da kommen wird, um die Völker Europas zu unterjochen; wieder andere meinen, dass im folgenden Jahr das Königtum in Frankreich errichtet wird; noch andere meinen, dass ein Komet auf die Erde einschlägt; und ein weiterer meint, dass der da kommen wird, der König der Sieben ist. Man kann doch nun klar erkennen, das in Wahrheit niemand nichts weiß. Um aber doch einen Blick in das kommende Jahr zu werfen, müssen wir - paradox - zuerst einen Blick in die Vergangenheit werfen. Wir wissen, die Sonnenfinsternis findet am 11 August statt. Nun schauen wir zurück in die Vergangenheit, da gleichfalls am 11. August 1961 eine Sonnenfinsternis stattfand, die fast um die gleiche Uhrzeit gewesen war, wir die kommende sein wird. Aus der Geschichte wissen wir, dass zwei Tage darauf, heute genau vor 37 Jahren in Berlin die endgültige Trennung nicht Deutschlands, nicht nur Europas, sondern der ganzen Welt in sich zwei bekämpfende Blöcke zerfiel, die erst wieder durch das Ereignis im Jahre 1989 rückgängig gemacht wurde. Heute sehen wir die Welt eher wie sie die Welt vor dem ersten Weltkrieg entspricht. Wenn nun aber vor 37 Jahren diese Sonnenfinsternis von solch exorbitanter Bedeutung für Berlin und darüber hinaus auch für ganze Welt wichtig war, ist doch auch hier anzunehmen, dass das gleiche sehr wohl auch für das folgende Jahr gelten könnte. Doch natürlich führt in letzter Instanz ein höheres Wesen die Regie; auf den ersten Blick schrieb er in seinem Vorwort vom ***premier Monarch de l´Univers,*** was man in seiner Zeit auf einen französischen König bezog oder auf einen zukünftigen. Wenn man aber es genau liest, schreibt er von einem Allherrscher, und der Herrscher des Universums dürfte kein Mensch sein. Und sollte dieses Wesen zu den Ereignissen seine Zustimmung verweigern, ist auf der Erde gar nichts möglich! Kommen wir doch nun zu dem Ereignis, dass im Jahre 1961 die Mauer darstellen sollte. Auch hier kann man letzten Endes eine Regie von höherer Warte erkennen, wenn man sich doch einmal die Mühe macht, dieses Ereignis zu untersuchen. In einer kleinen Broschüre, geschrieben von einem Dr. Georg Lomer, verstorben 1957, gab es ein kleines Kapitel mit der Überschrift:

Deutschlands Sturz ins Bodenlose

Nun will ich den hier versammelten Herrschaften nur einen kleinen Einblick in diese Schrift werfen lassen, wobei ich nochmals betonen muß, dass der Autor bereits 1957 verstarb! Ich zitiere:

"Und stelle Deutschland, das Mutterland fast sämtlicher europäischer Nationen, bei dieser Betrachtung, wie es ganz natürlich ist, in den Mittelpunkt: Da haben wir die mit allen Mitteln

angestrebte und betriebene Verfehmung und "Diskriminierung" Deutschlands, dieses Mutterschoßes der Völker. Da haben wir die Verteilung *der Kleider Christi* in Gestalt *der Besatzungszonen.* Da haben wir endlich den Nürnberger Riesenprozeß, einen einmaligen Vorgang von wahrhaft weltgeschichtlicher Bedeutung. Es ist das genaue Gegenstück zu Christi Verhör durch den hohen Priester und dem römischen Landpfleger Pilatus -Was ist Wahrheit?"

Im übrigen war bei diesem Tribunal der Ankläger gleich Richter und Henker alles in einer Person. Gleichwohl hatte man zum Schein pro forma eine Verteidigung zugelassen, um den Schein eines Rechtes zu wahren, was aber niemals vorhanden war. Als Dr. Lomer in den Jahren vor seinem Tod diese Schrift verfasste, konnte er noch nicht mal im Traum ahnen, dass es noch lange nicht zu Ende sein sollte: denn da haben wir letzten Endes *den Grabstein Christi* in der Gestalt der *Berliner Mauer* vor uns!

Bundespräsident
Wir möchten Herrn Allgeier danken!

XYZ
Ich möchte weitere Ausführungen darlegen, oder anders gesagt: Ich werde sagen, warum die Geschichte noch nicht geendet hat: Dr. Lomer schrieb weiter:

"Wie aber spielte sich der Hergang der "Auferstehung" ab, von dem die Texte berichten? Große Ursachen und Erschütterungen sind

unerläßlich, um die Vorbedingungen zu schaffen. Der Engel des Herrn kommt herab, wälzt den Stein von der Grabestür und setzt sich darauf."

Natürlich ist ihm klar geworden, dass er unmöglich die Mauer beseitigen konnte; aber wenn man bedenkt, dass erst sie, die Nofretete auf der Mauer (am 20 Januar 1985 von 13 h 30 bis 14 h 15) stand, und dann später die Mauer fiel, bleibt nur noch das Große Erdbeben oder wie er sagt: das Große Weltbeben übrig. Weiter heißt es bei Dr. Lomer:

"Zuerst sahen die Frauen den Auferstandenen und verbreiteten die Botschaft. Immer sind es ja Frauen, die eher als die Männer den Tiefenblick für die geheimen Dinge und Zusammenhänge aufbringen. Die Jünger sind dann auch zunächst wie taub und blind."

Deshalb kann er mit Männern nicht viel anfangen; denn bei den Frauen geht alles viel schneller

Elke Tietz
Als im Januar 1997 in der HAZ ein Artikel stand, dass bei einer Elke Tietz die Welt nicht mehr in Ordnung sei, konnte ich nicht wissen, das drei Monate später ich damit gemeint sei. Und im April erhielt ich einen Dankesbrief von der BILD aus Hamburg auf einen Brief von mir, gleichwohl wußte ich aber, dass ich niemals einen geschrieben hatte. Und wie es sie sicherlich vorstellen können, wurde ich neugierig und war gleichzeitig doch sehr verwundert. Also schrieb ich einen Brief an die BILD und bat um Aufklärung der sehr

mysteriösen Sache, was aber letzten Endes dazu führte, dass dort jemand, mit der Hilfe des Kometen Hale-Bopp, eine Situation geschaffen hat, während die BILD und meine Wenigkeit vollständig vor dem Nichts standen. Und solange ich auch nachdachte, auf ihn kam ich gar nicht. Um diesen Urheber aus der Reserve zu locken, überzog die BILD ganz Deutschland mit einer Plakataktion, wobei es zufällig so war, dass vor meiner Haustür, wo eigentlich nur die Termine der kulturellen Veranstaltungen auf einer Litfaßsäule angeschlagen waren, dieselbe stand; und da wirkte das Kometenplakat wie ein Fremdkörper: **Kann man sein Schicksal lenken?** Wenn man das nun fotografierte, so konnte man feststellen, dass die Flugbahn des imaginären Kometen direkt auf meine Haustür zeigte. Und wir uns damals schon dachten, wenn dieser große Unbekannte meine Adresse benutzte, so muß er irgendwann im Laufe meines Lebens mit mir zu tun gehabt haben: Und die Hoffnung erfüllte sich auch! Am 23. Mai schrieb er einen Brief an die BILD; aber man war immer noch am Rätseln, bis zum 18. Juni, dem Jahrestag, als er mir mal in meinen Ausweis geschaut hatte, und da schrieb er mir einen persönlichen Brief ,und uns endlich klar war, wer dieser Urheber gewesen ist. In dem letzten Brief, den ich ihm damals 1976 schrieb, schrieb ich ihm: *Heute Abend werde ich mich ins Aegi verkrümmeln.* Ich konnte wirklich nicht wissen, dass wir uns zwei Jahrzehnte !! später zum ersten Mal im Aegi treffen würden. Und ich glaube sagen zu dürfen, wir werden noch einige Überraschungen von ihm erleben.

Annette Bäder
Dass ich ihn kennenlernen durfte, damals in der Schweiz im Tempel des Herrn, war schon jetzt im Nachhinein eine große Überraschung. Als wir uns zum ersten Male sahen wir uns gemeinsam verblüfft an. Manchmal hatte ich das Gefühl, und ich schrieb ihm das, dass er das Vergangene, Gegenwärtige und Zukünftige kennt, oder sogar die Zukunft plant.

Gorbatschow
Zumindest die Zukunft der nächsten Jahre. Ich sagte es ja schon: ***Wer zu spät kommt, den bestraft das Leben!*** Und er ist für jede Überraschung gut genug!

Annette B.
Ich hätte doch einmal gern das Bild gesehen, wo er vor der Mauer stand, und die Nofretete auf der Mauer war! Ist das möglich?

Bundeskanzler
Es gibt keine Bilder!

Markus Wolf
Herr Bundeskanzler, sie haben sich zwar als Märchenerzähler der Nation entpuppt; aber das Märchen nehme ich ihnen nicht ab! Denken sie vielleicht, wir haben ihn nur so zum Spaß an seinem 35. Geburtstag interviewt. Frau Bäder, sie können ruhig locker zum Bundeskanzleramt gehen, und sich das Bild zeigen lassen, wo sie doch quasi vor der Haustür des Bundeskanzlers wohnen!

Elke Tietz
Das würde mich allerdings auch interessieren! Herr Röbel können sie sich das Bild nicht auch besorgen, und zur Freude aller Leser ins rechte Bild setzen. Wäre das nicht eine schöne Überraschung!

Udo Röbel
Die ersten Überraschungen erlebten wir in der Tat von ihm! Als wir den Artikel über den Kometen Hale-Bopp verfassten und im Jahre 1997 erscheinen liessen, wurde es doch für ihn der initiale Zündfunke. Keineswegs wussten wir vorher, dass er auf solch kuriose Art und Weise in Szene sich setzen wird. Aber hatte er nicht schon früher ähnlich gehandelt. Wir haben seinen Brief von 1977 aus dem Archiv beschafft. Und damals manipulierte er die beiden deutschen Regierungen. Und wer weiß was er sonst noch so manipuliert hat, von dem wir nichts wissen. Denn wenn jemand etwas tut, ohne den zu fragen, den er eigentlich hätte fragen müssen, ist schon nah an der Grenze des Unmöglichen. Denn damals frug er auch nicht den Präsidenten der USA.

Jimmy Carter
In der Tat, es war doch so. Nachdem wir es dann wussten, war das Kind schon in den Brunnen gefallen.

Udo Röbel
Natürlich sind wir neugierig geworden, wer uns damals geschrieben hat! Und bis heute hat er sich nicht sehen lassen, und schon gar nicht in der Öffentlichkeit!

Jimmy Carter

Als er den ersten Brief am 13. Oktober 1976 schrieb, wussten wir wirklich nicht, dass er se mit langer Hand schon vorbereitet hat; allerdings mit einer sehr langen Hand. Später führte dieser Brief zu einem Ball in Monaco, indem wir glaubten, dass der *tres-grand Prince* der englische Thronfolger sein sollte. Als wir aber feststellen mussten - ich schickte Henry Kissinger nach Frankreich -das an dem nicht so war, weil die älteste Tochter des Fürsten nicht mitspielte, und wir damals *Cinq ans apres* lasen, waren wir ja der Meinung, dass der große Unbekannte, der Retter Europas Anfang der 80er Jahre auftreten würde; da dachten wir uns erst einmal, den suchen wir im diplomatischen Corps, und fanden ihn dort nicht. Wir hätten weiterlesen sollen. Schließlich heißt es auch in der letzten Zeile:

SI A QUINZE ANS DU CIEL RECOIT SECOUR,

und dann hätten wir gewußt, dass es erst in den neunziger Jahren stattfinden wird.

Henry Kissinger

Obwohl ich nach dem Ball im Weißen Haus war, konnte ich nicht einmal im Traum daran denken, dass ausgerechnet der Urheber dieser Geheimprognose diese Geheimprognose selbst in die Hände fällt. Und das führte dann zu den Briefen am 27. September 1977, die an Helmut Schmidt und Erich Honecker gingen! Zumal an diesem Tage auch der Sicherheitsberater Brezinski in Bonn weilte.

Markus Wolf
Das war, von unserer Seite gesehen eine schöne Überraschung, und unser Staatsratsvorsitzende Erich Honecker hatte eine Sondersitzung für den 29. September einberufen. Und am darauf folgenden Wochenende flog er nach Moskau. Jahre später hatte ich meine Heidemarie auf ihn angesetzt, aber er hat das natürlich durchschaut. Ausserdem hat er sich so eine Art privaten Krieg gegen die vier Mächte geleistet. Natürlich haben wir seine Aktivitäten verfolgt; was uns aber wunderte, dass er überhaupt nicht zu besiegen geht, weder vom Westen noch vom Osten.

Polizeichef Monacos
In unseren Akten ist dieser Mensch als sehr gefährlich eingestuft worden. Als wir ihn zur **Persona non grata** erklärten, schmunzelte er und frug damals, wer denn das sagte: der Fürst oder er, der Chef der Polizei in diesem Falle. Man sagte ihm, nicht der Fürst! Seine Antwort darauf: der hier, in dem Fall der Polizeichef, hat doch nichts zu sagen. Darauf konnte man drei Sekunden lang ein Stecknadel fallen hören! Das Unerhörte ist, dass er seit dem letzten Jahr einen privaten Krieg gegen uns aus der nicht mehr existierenden Mauer herausgebrochen hat.

Helmut Schmidt
Nur das eine Wort: **Monaco** hat in seinem Brief vom 1.1.1980, den er zum ersten Male als das siebente Kind geschrieben hat, ausgereicht mich nach Monaco fahren zu lassen. Und in diesem Brief schrieb er zum ersten Mal vom **HRDN** ...

Bundespräsident
Was heißt eigentlich **HRDN?**

Helmut Schmidt
Heilige **R**eich **D**eutscher **N**ation. Ihm passt niemals die Bundesrepublik noch die DDR in sein Konzept; und die EU schon gar nicht. Jedenfalls müssen wir ihn bis jetzt ernst nehmen, denn die ihm unmögliche Demokratie, die für ihn sowieso keine ist, soll dann durch die Aristokratie des Geistes abgelöst werden.

EU-Kommissar
Deshalb werden wir ja eine Europäische Union mit ewigen Ewigkeitswerten auf ewig einrichten, so dass aus Brüssel für die Europäer für alle Zeiten das Gesetz ausgehen wird. Und die ganz modernen Errungenschaften, wie die gleichgeschlechtliche Ehe, die auch noch eingeführt werden wird; diese modernen Lebensgemeinschaften nicht in Gefahr geraten dürfen. Und ausserdem kann die EU keine wahre Demokratie sein, denn nur eine Diktatur kann die verschiedenen Völker und Gemeinschaften in Europa zusammenhalten. Da gibt es genügend Beispiele für, dass nur ein Diktator, nachdem sich alle zu richten haben, positiv wie auch negativ. Dabei befinden wir uns schon lange in einer europäischen Diktatur; denn Brüssel bestimmt schon lange wo es für die nationalen **Scheinregierungen** langzugehen hat.

XYZ
Passen sie mal nicht auf, dass das durch den dritten

punischen Krieg der Neuzeit in Kürze beendet wird. Oder durch die immens angewachsenen Staatsverschuldungen sämtlicher Industriestaaten. Allein die Bundesrepublik hat heute sage und schreibe einen Schuldenberg von 2.000 Milliarden DM, und zur Zeit verdoppeln sich die Staatsschulden alle 7 Jahre im Durchschnitt; und das kann beim besten Willen kein Mensch mehr zurückzahlen, auch wenn die EU eine Währungsumstellung vornimmt. Letzten Endes kommt die große Rechnung auf den Tisch des Hauses.

Paul C. Martin
In einem Buch von mir schrieb ich es ja schon:
"Tatsächlich aber ist dies der Dreh- und Angelpunkt der Weltgeschichte! Die größten Schuldner aller Zeiten, die Staaten diese Erdenrunds kann kein Mensch mehr heute zwingen. Und deshalb werden wir alle am Ende untergehen. Erst die Römer und jetzt wir."

In dem Fall, die Europäische Union mitsamt ihren römischen Verträgen. Und sehr gefährlich ist auch die Nichtzurückzahlbarkeit der Russischen Republik, denn sollte der Westen nicht mehr zahlen wollen oder können; daß heißt die Tribute an Rußland unterbleiben, dann fällt über ganz Europa Nacht!

Russischer Botschafter
Ich würde dem auch gut raten, Rußland nicht zu reizen, und unsere Einflußsphäre nicht anzutasten; denn scheinbar, wenn auch unsere Armee nicht einsatzbereit scheint, so ist doch unser Land noch immer in der Lage Europa mit Links zu packen. Atomwaffen können auch

jederzeit in Einsatz gebracht werden.

XYZ
Als er am 13. Oktober 97 die Endschlacht proklamiert hat, hoffen wir nicht, dass diese Endschlacht nicht zu einem heißen Krieg eskaliert. Sollte es tatsächlich so sein, dann kann man, muß aber nicht, im folgenden Jahr mit allem rechnen, sogar mit der Rückkehr des Deutschen Reiches. Vielleicht schlägt dann auch die große Stunde des Siebenten Kindes der Nofretete. Doch sie kann auch noch kommen. Und dass er gemeint, kann man auch daran erkennen, ausser dem Zyklus der 7-Tage, wo er sich sowieso in der absoluten Mitte befindet, sondern auch daran, dass er an seinem letzten, dem 47. Geburtstag 7x7x7 Tage weitergerechnet auf den 3. Juni 1998 fällt. Das war kein Zufall. ***Denn auch 7 Jahre und 8 Monate nach der Einheitsfeier, dem 3. Oktober 1990 schreiben wir den 3. Juni 1998.***

Paul C. Martin
Als er am 3. Oktober 1997 schrieb: **Und so wird sich eine Aussage erfüllen, die ich schon seit 1987 kenne:**

"Arm wird sein das Reich an irdischen Gütern und grauenhaft groß auch sein Totenfeld!"

Botschafter USA bei der NATO
Das dürfte aber nicht der ganze Satz gewesen sein! Es steht in einem Druck aus dem Jahre 1949, immerhin ein Jahr vor seiner Geburt.

Bundespräsident
Und wie lautet sie vollständig?

Botschafter USA / NATO
Wir wollen doch nur die wichtigsten Passagen zitieren:

"Ein neuer Held den Deutschen ersteht. Ein rätselhaft scheinender Mann wirkt bei der großen Weltentscheidung mit, die nun unaufhaltsam sich formet." Und nun kommt der wichtigste Teil:

"Er wird der Herr heißen vom Siebengestirn und schürfen aus tiefstem Geheimnis. Arm wird sein das Reich und grauenhaft groß auch sein Totenfeld."

Nur ein einziges Exemplar ist durch die Zeiten gelangt, und ausgerechnet ihm fällt das in die Hände. Seit dem Juli 1995 nennt er sich schon lange nicht mehr ein Kind; denn aus einem Kind wird später einmal ein Mann.

Bundespräsident
Wollen sie damit sagen, dass er das bereits ins Auge gefasst hat?

Botschafter USA / NATO
O ja, man beachte auch das Wort: *unaufhaltsam!*

Chirac
Un prince apparaitra comme au temps de Jeanne d´Arc!

Bundespräsident
Wie bitte?

Brigitte Sauzay
Unser Präsident sagte: Ein Fürst wird erscheinen wie

einst in der Zeit der Jeanne d´Arc!

(Geist der Jeanne d´Arc erscheint)

d´Arc
So wie ich einst aus einem kleinen Ort kam, so wird er auch aus einem kleinen Ort kommen. Und in Frankreich wird er beginnen. Er hat dort schon begonnen -- Wie ich vor einem halben Jahrtausend in Poitiers im Saal der verlorenen Schritte als eine von Gott gesandte Retterin Frankreichs anerkannt wurde, so ist ihm auch schon bestätigt worden, dass er, wie sagt man doch, ein Sendungsbewußtsein besitzt. Und wie man mich nicht aufhalten konnte, bis ich meine Mission beendet hatte, so wird man auch ihn nicht aufhalten können, bis er seine Mission beendet hat. Er pflegt zu sagen: Alles muß man selbst tun!

Chirac
Meine liebe Jeanne, deine Zeit war schon gewesen!

d´Arc
Wollen meine lieben Franzosen mich noch einmal verbrennen? Als er im Jahre 1977 Paris verließ, schrieb er schon prophetisch in sein Tagebuch am 12.12.1977: Aber noch ist die letzte Szene nicht geschrieben, und wenn es so weitergeht, dann schreibt das Finale die Weltpresse. So wird es sein. So muß es sein! Heute kann ich als Retterin Frankreichs dazu sagen: So wird es auch kommen! Und der Fürst aus seinem kleinen Fürstentum sollte sich daran erinnern, was damals am 15. Juni 1978 geschah. Und von seinem persönlichen

Sekretär sich sagen lassen, es wäre niemand von der Fürstlichen Familie anwesend; aber die Haus-und Anwesenheitsflagge wehte über dem Palast. Das war eine Lüge. Und bevor ich wieder, die ich einst als Mensch auf dieser Welt lebte, in die Welt der Geister zurückkehre, sage ich euch, dass Poitiers die Hauptstadt der Region ist in deren Namen sich der Name des Retters Europas verbirgt.

(Geist der Jeanne d´Arc verblasst)

Gerhard Schröder
Hm. Was war denn das soeben? Bei meinem letzten Besuch in Washington vor ein paar Tagen war er auch ein Gesprächsthema, unter anderem, nun ja, daher ist es auch kein Wunder, denn wenn er schon Hannover in den Blickpunkt der Öffentlichkeit rücken will, müssen wir schon über ihn reden. Es scheint mir, dass sich etwas anbahnt. Nur wissen wir nicht wie es weitergehen soll!

Bundespräsident
Das weiß eigentlich niemand!

Fürst von Monaco
Da frage ich mich doch, warum er denn ausgerechnet gegen uns den Krieg führt?

XYZ
Wer hat damit denn angefangen? Und das fragt sich jeder in diesem Raum. Vielleicht benutzt er das Fürstentum, um sein Entree in die Geschichte zu bewerkstelligen; sozusagen ist Monaco das Instrument

in der Hand der Vorsehung, dass diesen Mann den Weg bereiten soll!

Fürst von Monaco
Muß er mich denn dazu ausersehen haben?

XYZ
Als der erste Rauswurf am 15. Juni 1978 stattfand, konnte doch kein Mensch wissen, dass am 15 Juni 2000 auf der EXPO in Hannover die Flagge von Monaco weigerte sich aufziehen zu lassen.Und wenn man da die Hälfte der Jahre nimmt, also 11 Jahre von 1978 bis zum 15. Juni 1989 rechnet, kann man feststellen, dass der Mann wirklich unbesiegbar geworden ist; man kann ihn zwartotschlagen, aber niemals besiegen? Und warum nun nicht? Weil vom Indepedence Day, dem 4. Juli 1776 bis zum 15. Juni 1989 präzise 77.777 Tage verlaufen sind.

Kurt Allgeier
Und im Horoskop des Fürsten steht der Pluto gradgenau am Tage der großen Sonnenfinsternis seiner Sonne gegenüber, im scheinbaren Stillstand. Und es kann bedeuten -keinesfalls muß es so sein - dass für das Fürstentum etwas exorbitantes geschehen kann; es kann sogar soweit gehen, dass mit der Sonnenfinsternis das Ende des Fürstentumes eingeleitet wird. Das allerdings ist nur eine Hypothese; aber auf alle Fälle hat es mit dem 7. Kind der Nofretete zu tun! Als er am 15. Juni damals zur unerwünschten Person erklärt wurde, lief der Pluto über den Saturn des Fürsten. Wenn es schon damals ein minder wichtiges Ereignis mit sich brachte,

wie viel mehr wird es sein, wenn der Pluto im Gegenschein der Sonne steht. Und ich kann schon die Frage verstehen: Was hat die große Sonnenfinsternis 1999 mit dem Fürstentum zu tun. Doch das wird die Zeit beantworten!

Bundespräsident
Das ist uns allen schon klar!

XYZ
Besser kann er es doch gar nicht haben! Es scheint sich in der Tat auf die niedersächsische Hauptstadt zu konzentrieren. Und deshalb wird hier in Hannover etwas aussergewöhnliches geschehen, was es bei einer Weltausstellung nicht gegeben hat, wenn es auch nicht viel scheint. Dadurch wird Hannover später zum Epizentrum des großen Weltbebens werden.

Oberbürgermeister Hannovers
Na, das sind ja herrliche Aussichten. Ich weiß gar nicht mal, wie viel Flaggen schon vor meinem Rathaus wehen. Zur Zeit gibt es 192 Staaten auf der Erde. Nur Monaco hat bisher keinen Pavillon eröffnet!

Fürst von Monaco
Es reicht doch wohl vollkommen aus, dass meine älteste Tochter hier schon rumläuft!

Oberbürgermeister
Das wird doch nicht reichen; selbst der allerkleinste Staat der Erde, der Vatikan, hat einen Pavillon!

Fürst von Monaco
Hinter dem Vatikan steht sein Herr, der Herr Jesus Christus!

Papst
Der Fürst hat vollkommen recht! Und seit den Tagen vom ersten Apostel bis heute hat die römisch-katholische Kirche die alleinige Schlüsselgewalt hier auf der Erde!

XYZ
Aber ein Engel des Allmächtigen scheint davon nicht überzeugt zu sein! Nicht nur ein Engel, nein, alle Engel!

Papst
Ich bin ja auch für die Menschen zuständig; und nur wer sich der heilsnotwendigen Vollmacht des Papstes unterwirft, kann in das Reich Gottes eingehen.

XYZ
Und warum hält sich dann der sogenannte Stellvertreter Christi nicht an die himmlischen Weisungen? Daher ist es auch kein Wunder, wenn die Bischöfe und Priester und Kardinäle sich an die Weisungen aus Rom nicht halten! Das dritte Geheimnis von Fatima sollte doch bekanntgegeben werden; und das schon Anfang der 60er Jahre, und heute stehen wir schon an der Schwelle der neuen Zeit! Es steht wohl darin, dass der römische Papst schon seit fast 1900 Jahren keine Schlüsselvollmacht hat. Und sollte man das der Welt bekannt geben, nämlich aus Rom der Papst selbst, denn dann wäre es mit Rom über Nacht zu Ende!

Bundespräsident
Wenn nicht schon der Papst die Schlüsselgewalt hat; wer hat dann alle Schlüssel in der Hand. Und überhaupt, so frage ich, ist so etwas vorhanden?

Bundeskanzler
Eine sehr gute Frage!

XYZ
Der zur Zeit alle Schlüssel trägt, steht auf unserer Anwesenheitsliste als letztgenannte Person.

Bundespräsident
Warum, wenn er so wichtig ist, steht er an der letzten Stelle?

XYZ
Jesus Christus hat sich unter alles gestellt, und wurde über alles erhöht! Wenn man die Liste umkehrt, dann steht er aber an der ersten Stelle! Und unser Bundespräsident, der sich hier an erster Stelle befindet, findet sich am Schluß wieder!

Bundespräsident (wendet sich an Mr. Hinkley)
So sind sie dann der Schlüsselträger Christi?

Hinkley
Oh, yes!

Papst
So wichtig ist er gar nicht! Er tut doch auch nur das, was ich

tue!

Bundespräsident
Was tut ihr beide denn wirklich?

Papst und Hinkley (fallen sich in die Arme.)
Unsere Schäfchen für dumm zu verkaufen, und sie auch fleissig zu scheren!

Hinkley
Aber ich habe vom Herrn den Schlüssel, und daher bin ich der wichtigste Man auf der ganzen Erde!

Papst
O, nein! Das haben wir gerade unter uns dargestellt. Aber er scheint es immer noch zu glauben! Und hier geht es auch nicht um einen billig dahergelaufenen Seher, Propheten und Offenbarer, der nichts sieht, nichts prophezeit und schon gar nichts wichtiges offenbaren kann. Es geht nur um den Menschen Hinkley – und um sonst gar nichts weiter!

Bundespräsident
Dann ist das alles kein Zufall, dass er sich in diesem Zyklus in der exakten Mitte befindet; und weiters ist es auch kein Zufall, dass der Zyklus mit den Daten übereinstimmt; und dann ist es gleichfalls kein Zufall, dass auch sie sich in dem Zyklus befinden; das heißt, eigentlich hier das Geburtsdatum - und persönlich kennen sie sich nicht.

Annette B.
Es ist schon sehr interessant, dies Grafik!

Hinkley
Wir müssen uns doch auch gar nicht kennen. Und wenn wir 40 Jahre zeitlich auseinander liegen, wird man sowieso zu der Überzeugung geführt, dass ein großer Regisseur die Fäden zieht!

Bill Clinton
Als John F.Kennedy sagte: *Ich bin ein Berliner* wußte ich noch nicht, dass auch ich einmal Präsident der USA sein sollte! Wenigstens bin ich hier in Deutschland anerkannter als in meinem eigenen Land. Insofern ist er in einer beneidenswerten Lage: ihn hat niemand gewählt, und doch hat er schon großen Einfluß entwickelt. Natürlich ist klar, dass jeder Mensch seine eigene Verantwortung zu tragen hat. Natürlich würden wir eine auf Amerika gerichtete Politik befürworten.

Direktor des Ägyptischen Museums
Im vergangen Jahr benutze er unser Museum als *toten Briefkasten!*

West-Berliner Polizist
Als ich am Brandenburger Tor stand 1985, sagte ich ihm, er solle die Nofretete von der Mauer nehmen! Und er mir darauf erwiderte: *Wenn uns das nicht passen sollte, sollen wir sie selbst herunterholen.* Es blieb uns gar nichts weiter übrig, wir mussten uns Verstärkung besorgen; die kam dann auch in Form zweier britischer Militärpolizisten; und sind dann gegen ihn vorgegangen, und das ooch noch uffm *sowjetischen Sektor.* Wir dachten, er sei verrückt; dabei hat er nur uns an der Nase herumgeführt. Ich sagte ihm später: *Sie wollten*

wohl hier 'ne Provokation machen; na det is ihnen ja jründlich jelungen. Und dem Verbindungsoffizier zur britischen Schutzmacht mußte ich erklären, fünf Minuten rauf und runter: *Nee, nee, nur die Nofretete uff der Mauer!.* Konnte ich denn wissen, dass er es denn Alliierten schon einmal angekündigt hat? Ja, eigentlich noch mehr zu tun! So weit ist es aber dann nicht mehr gekommen. Und wem zuzutrauen ist Weltmächten zu drohen, dem kann auch noch etwas anderes einfallen.

Lothar
Typisch mein Bruder! Als ich Anfang der 80er Jahre in SHAPE, dem militärischen Hauptquartier der NATO war, sagte ich ihm einmal: *Weißt du, wenn der Rogers mich immer sieht, macht er ein dummes Gesicht.* Und da sagte er: Warum eigentlich? Mir fiel nichts mehr ein. Und dann sagte er zu mir dann: *Bestell mal dem Oberwächter der amerikanischen Besatzungsmacht einen schönen Gruß von mir*; nachdem ich ihn in den Graben fahren sollte! Also nichtsahnend lande ich im Nato-HQ und muß feststellen, mein Bruder kennt man dort schon!

Rogers
Als er damals dem Heinrich von Berenberg-Gossler geschrieben hat - im übrigen war er damals der Vorsitzende des Amerikavereins - dass der CIA alles von ihm weiß, ist das ein Irrtum; denn als er 30 Monate alt war, spielte er mal das Christkind in einem Krippenspiel; da haben wir seinen Bruder gefragt, ob das stimmt, und er hat die Eltern gefragt und als Antwort bekommen, dass es so gewesen sei. Da klärten

wir ihn auf, wer er denn ist. Da meinte er, das wäre der leibhaftige Satan. Schon damals meinte er, wenn er schon am Anfange mitgespielt hat, wird er auch am Ende mitspielen; und schon damals drohte er den vier Mächten auf der Mauer vor dem Brandenburger Tor zu stehen; nicht nur zu stehen; sondern auch darauf zu triumphieren! Und das alles nur, weil er seit 1978 in Monaco wie ein Staatsfeind behandelt wird. Nun ist er auch einer geworden. Sein König hat die Seite gewechselt und ist zum Feind übergelaufen und muß ihn auch mit bekämpfen helfen.

XYZ
Mangels einer eigenen Armee nimmt er doch eine fremde; laufen ja genug Soldaten herum; das Deutsche Reich besitzt keine Soldaten mehr, bis auf ihn, den letzten. Denn die Bundeswehr ist für ihn doch keine Armee, und erst recht keine deutsche, wo die doch das Deutsche Reich mit besetzt halten dürfen im Auftrage der Scheinsiegermächte. Vielleicht wollen deshalb die Grünen die Bundeswehr abgeschafft sehn.

Bundeskanzler
Und ich dachte immer, er will die Bundesrepublik zerstören?

XYZ
O nein, er will versuchen das Deutsche Reich wieder herzustellen!

Bundeskanzler
Ist das nicht das gleiche?

XYZ
Für sie dann schon. Dann sind sie kein Regierungschef der Deutschen mehr. Im übrigen, in diesem Wahlkampf glaubt ihnen doch schon kein Mensch mehr. Sie haben das Volk von Anfang an belogen. Sie versprachen eine geistig-moralische Wende. Doch wo ist sie geblieben? Und 1988 verkündeten sie noch den blühenden Unsinn, dass die Wiedervereinigung blühender Unsinn sei; und sie sowieso alles, als Staatsmann der Deutschen, besser wüssten! Und wenn nicht das Volk die Wiedervereinigung erzwungen hätte, hätten sie frohgemut nach Amerika gemeldet: Dem Himmel sei Dank, die Wiedervereinigung fand nicht statt! Noch im Juni 1989 erklärte US-Staatssekretär Eagleburger, dass auch die Europäer die Wiedervereinigung nicht wollten, womit er ja ausnahmsweise recht hatte. Klartext: Auch Amerika war nicht sonderlich begeistert von den Ereignissen 1989/90. Schon vor dem Mauerfall forderte das Kind der Nofretete eine gesamtdeutsche Regierung! Aber sie haben sich nicht daran gehalten, als das Kind der Nofretete ihnen mitteilen ließ, 1985, nachdem die Nofretete auf der Mauer stand, dass sie sich für die kommende Wiedervereinigung bereit halten sollten. Aber sie waren ja der Meinung, Herr Bundeskanzler, jetzt können wir den Störenfried aus dem Verkehr ziehen. Nur es ist eingetreten, was von Nutzen für ihn war. Sogar bis heute läuft es hervorragend für ihn. Oder denken sie, dass er vor ein Gericht zurückschreckt; es hat bereits eine solche Tragweite angenommen, dass nur der Bundesgerichtshof dafür zuständig wäre. Wenn wir nun mal den Fall annehmen würden, es käme vor den

Bundesgerichtshof; er tritt vor den Richtern auf; danach ist der Bundesgerichtshof abgeschafft und letzten Endes sogar die ganze Republik. Aber dazu wird es niemals kommen, denn, stellen sie sich mal bildlich vor, ein regierender US-Präsident vor einem Gericht, wenn auch nur als Zeuge, wird von Seiten der USA sowieso verhindert. Will damit nur sagen, dass die bundesdeutsche Republik herzlich wenig, nämlich gar nicht souverän ist. Oder nehmen wir doch einmal den anderen Fall an; er würde vor Gericht geschleppt werden. Die gesamte diplomatische Immunität der Staatsmänner würde den Bach heruntergehen. Und wenn man das bedenkt, man hätte das tun sollen, was schon immer vorgeschlagen wurde ...(geht ab.)

Bundespräsident
Aber nicht doch meine Herren, dem kann ich nicht zustimmen! Das können wir nicht tun! Ausserdem werden von mir oder dem ersten Mann im Staate; wozu er als das Siebente Kind zählt - symbolisch gehört er auch dazu! -keine solche Aufträge erteilt. Um auf den toten Briefkasten zurückzukommen; kurz darauf bin ich nach Washington geeilt. Er lässt es einfach nicht sein, ständig neue Fäden zu ziehen! Da wir nun zum Ende dieser Konferenz gekommen sind, tritt als letzter Sprecher das Kind, um das sich alles dreht, selbst an das Rednerpult. Um mit Bertolt Brecht aus der Dreigroschen-oper zu sprechen: denn die einen stehn im Dunkeln und die andern stehn im Licht --- doch man siehet nur die im Lichte, die im Dunkeln sieht man .... nicht! Bitte schön!

(Kommt aus der Kulisse, aus dem Dunkeln hervor; man erkennt das XYZ und das 7. Kind ein und dieselbe Person sind.)

Siebente Kind der Nofretete
Ich bedanke mich bei den Anwesenden für ihr zahlreiches Erscheinen. Besonderen Dank übermittele ich dem Oberbürgermeister von Hannover. Es gibt viel zu sagen, aber noch viel mehr zu tun. Doch wir begnügen uns mit der Feststellung: Die nächsten Jahre werden die interessantesten der Weltgeschichte werden. Keine Mauer; keine Nofretete; keine Nofretetenbüste auf der Mauer dann auch kein Weltbeben. In meinem Fall bin ich in einem einzigen Staat der Erde unerwünscht, den wahren Grund weiß ich bis heute nicht. Der Hochadel, wozu ausser dem Fürsten von Monaco auch der Prinz Ernst August gehört, sind ja der Meinung, dass sie eine besondere Art von Menschheit darstellen und Rechte besitzen, die einem normalen Bürger niemals zustehen. Und wehe, wehe, es geht gegen diese Herrschaften, dann sind sie sogar der Meinung, dass man die Existenzgrundlagen derjenigen vernichten darf, wie es bei mir im Jahre 1978 versucht wurde. Nur es hat nichts genützt. Bei meinem ersten Rauswurf am 15. Juni 1978 hieß es noch: *Sie sind hier unerwünscht und ihr Aufenthalt ist nun beendet!* Darauf kam meine lapidare Feststellung: *Ob das beendet ist, das werden wir erst noch sehen. Ausserdem komme ich doch wieder!* Darauf fiel der Satz: *Sie werden niemals mehr nach Monaco kommen. Nie wieder!* Da habe ich gedacht, ihr werdet euch noch wundern! Und sie wunderten sich sehr schnell sogar, denn was ich damals mit mir

rumschleppte, haben sie nach England weitergereicht. Und was dann kam, konnte man in der Zeitung lesen. Ausserdem hat die Surete noch gelacht auf die Feststellung, dass ich doch wiederkomme; das heißt der oberste Boß dieser Behörde. Worauf ich dann dachte, wer zuletzt lacht, lacht immer noch am Besten. Am 29. November 1979 war Auftritt Nummer 2 fällig. So ganz locker und leger latschte ich in das Polizeipräsidium; benutzte den Fahrstuhl, und keiner beachtete mich um plötzlich im Chefzimmer zu stehen. Kein Mensch war anwesend. Folglich wartete ich bis endlich jemand kam. Da war die Überraschung natürlich groß. Und dann sah ich zu ersten Mal meine Akte; schön dick war sie schon gewesen, das damals nur von einem einzigen Auftritt. Innerlich belustigte ich mich darüber, und verkündigte ihnen kurz und bündig, ich hätte das letzte Mal vergessen zu sagen: ***Alles hat mit der Sieben zu tun!*** Und beim siebenten Rauswurf am 21. Mai 1981 war ihnen das Lachen vergangen, nicht wahr, mein lieber Rainier

(Die Fürstliche Familie und Ernst August von Hannover verlassen unter Protest das Theater.)

Ach, nun scheint mein Fürst gegangen zu sein; war wohl ein bißchen beleidigt. Wenn man schon die Wahrheit sagt. Und ausserdem schreibt das Minitum Monaco mit an der Weltgeschichte; auch wenn ihnen das nicht passt. Und große Ahnung haben sie keine. Ich erinnere mich noch an den dritten Rauswurf am 23. März 1979. Da hatte mich doch der Dolmetscher gefragt, ob ich denn noch bei meiner alten Arbeitsstelle sei. Darauf antwortete ich ihm: Warum soll ich denn da nicht mehr sein? Und er mich darauf ansah, als wäre ich gerade von den Toten zurückgekehrt. Mir scheint, mein großes Verbrechen in Monaco bestand darin, mein Gesicht darin herumzutragen. Denn für das Fürstentum zählt nur eines: Geld, Geld und nochmals Geld! Natürlich besitze ich keine Reichtümer. Und das ist für Monaco das schlimmste aller Verbrechen; will damit nur sagen, woher die Reichtümer stammen, das ist dem Fürsten letzten Endes egal. Wenn ich in Deutschland brav meine Steuern bezahle, so bin ich ein guter Staatsbürger; wenn ein Deutscher mit seinen Steuern in ein Steuerparadies flüchtet und seine Steuern, die er dem deutschen Volke stiehlt, ist er als Dieb des Volkes in Monaco hochwillkommen. Das ist der Unterschied zwischen den kriminellen Aktionen, zwischen dem Hauptverbrechen, sein schönes Gesicht in Monaco herumzutragen, oder das Geld, das woanders hingehört, nach dort zu tragen. Und deshalb bin ich der Meinung, dass auch die Bewohner Monacos, wie alle EU-Bürger gefälligst Steuern zu zahlen haben; natürlich wird das dem Fürsten kaum gefallen, aber Rücksicht nehme ich keine auf ihn mehr; auch nicht der liebe Gott, der auch nicht, **leider** - für Monaco. Und was mich am meisten bewundert hat, an dem Artikel von Michael Allgeier, dass dem Fürsten der härteste Gegenspieler vielleicht innerhalb der kommenden drei Jahre erwächst. Das "vielleicht" habe ich schnell gestrichen. Und das las ich doch erst, nachdem die Bombe detoniert war, es dauerte keine sieben Stunden, da war die älteste Tochter meines Kriegsgegners schon in Hannover. Obwohl ich persönlich mit sieben Tagen rechnete. Nun befindet sich der Artikel auch im Sicherheitsdienst von Monaco! Ausserdem, was der Fürst kann, und eine ganze

Polizeibehörde dazu braucht; weil, er kann es ja nicht allein schaffen, mich zur Persona non grata zu erklären, kann ich schon lange, und das auch ganz alleine, ohne eine irgendeine Polizeibehörde: Damit erkläre ich den Fürsten für unerwünscht, zur Persona non grata, und verbiete ihm hiermit Deutschland. Immer wenn ich Monaco sehe, seh ich nur seine halbe Flagge: nämlich Rot!
(Zwischenruf des Polizeichefs von Monaco: Wir werden auch SIE klein kriegen!!)
Mein lieber Mann da unten in der letzten Reihe; welche Armee kaufen sie denn gegen mich auf. Diese 100-Mann-Armee von Monaco ist doch gar nicht der Rede wert. Dabei habe ich mich schon mit ganz anderen Armeen von Nationen angelegt! Der Tag, an dem ich wie ein Schwerverbrecher behandelt wurde, war der Tag, an dem ich mir schon vornahm, mich zu revanchieren - und wenn das Jahrzehnte dauern sollte! Denn das Fürstentum mit seinem Fürsten als fast letzten Diktators Europas kann jeden Gast, ob es ihm nun passt oder nicht, als Kriminellen behandeln. Als ich den Polizeichef von damals fragte, welche Gründe sie denn hätten, gegen mich so etwas zu verhängen kam die Antwort: **Wir brauchen keine Gründe!** Deshalb rate ich jedem Deutschen das Fürstentum zu meiden. Denn es könnte ja geschehen, dass er in jedem Deutschen einen persönlichen Feind sieht, oder das Volk muß denken, das es Sondergesetze für den Hochadel gibt. Auch darf mein König die Leute persönlich verprügeln, minutenlang sogar. Und vor ein paar Tagen wäre es wieder dazu gekommen - und ihm geschieht nicht viel! Würde ein normaler Bürger mit der Einstellung eines

solchen Verfahrens rechnen dürfen, so käme er mit ein paar hundert Mark davon. Oder wurde mit der Staatsanwaltschaft unter der Hand ein Handel abgeschlossen. So etwas nennt man dann Bestechung. Oder war das Fürstentum selbst daran beteiligt; denn auf der, ach so weißen Weste Monacos darf kein schwarzer Fleck fallen. Ich kann mich noch daran erinnern, das mir der Herr Heinrich von Berenberg-Gossler am 6. Oktober 1980 folgendes geschrieben hat. Ich zitiere: **Wenn Sie nicht jede Korrespondenz mit dem Fürsten in Zukunft unterlassen, muß ich mich an die Regierung des Landes Niedersachsen wenden und um deren Hilfe bitten, zwecks Beendigung dieser unerfreulichen Dinge. Hochachtungsvoll Heinrich Frhr. von Berenberg-Gossler Konsul von Monaco (telefonisch diktiert, f. d. R. Sekretärin)** Wo hat der wohl gesessen? Ich konnte mir nicht verkneifen der Sekretärin einen Brief zu schreiben, und ihr mitteilen, wenn der Fürst schon Angst vor mir hat, dann möge er sich an das Weiße Haus in Washington wenden, da selbst die Bundesregierung hier in Deutschland nichts - aber gar nichts zu sagen hat: Mir scheint, dass auch hier die Regierung informiert worden ist; denn es kann ja nicht angehen, das ein vorbestrafter Prinz mit einer Prinzessin herumläuft, und das darf nicht sein! Daher sind diese paar Mark keine Relation zu seinem Vermögen! Ich habe diese 90.000 Mark, die zur Einstellung des Verfahrens führen sollten für einen normalen Bürger umgerechnet, und dann sind es nur 10 oder 20 oder 30 Mark. Und sollte man das Vermögens des Fürsten zu Grunde legen, ist es mal gerade allerhöchstens eine Mark. Kein Wunder, wenn die BILD die Frage stellte: Noch Fragen? Ich hätte noch eine! Mit wieviel wurde die Staatsanwaltschaft geschmiert? Wenn jemand anders, ausser meiner Wenigkeit das sagt, bekommt er von seiten Ernst August oder dem Fürsten einen Prozeß an den Hals gehängt, das einem dabei hören und sehen vergehen kann. Warum denn bei mir nicht? Ich wundere mich sowieso, denn im Dezember 1997 habe ich ihm nachträglich das fast halbamtliche Dokument in die Zitelmannstrasse 16 nach Bonn gesandt. Im übrigen wäre es schon der zweite. Er hat den ersten Krieg nicht gewonnen; und den zweiten wird er erst recht nicht gewinnen; denn dazu muß er die große Sonnenfinsternis in 363 Tagen verhindern. Wünsche viel Vergnügen! Ich hatte ihn schon nach meinem *fünften Rauswurf* gewarnt: Sollte es zum **Siebenten Rauswurf** kommen, wird es Ärger geben; denn ich ließ ihn bestellen, dass 1982 im Dezember dann das Zirkusfestival ausfallen wird. Ich dachte so an eine Art Naturkatastrophe. Und der Ärger kam dann auch, und zwar nachdem die **Berliner Mauer 7700 Tage vollendet stand.** Denn tags darauf verunglückte das **Maurer**mädchen aus **German**town. Wenn ich damals gewußt hätte, was meine Aussage da anrichten wird, ich hätte sie nicht getan. Und der Tag der Wiedervereinigung war ein gleiches Mysterium; man denke nur an die ersten drei Schlagzeilen der BILD vom 4. Oktober 1990:

DEUTSCHLAND! mein Gott
ist das schön
Carolines Mann tot!

Was besseres scheint denen auch nicht eingefallen zu sein! Nachdem ich als der letzte Soldat hier auftrat, wundert es mich nicht so sehr, dass meine Kriegsgegner so fluchtartig das Theater verlassen haben. Und liebe Anwesenden, das Volk, das hinter mir steht, und das sind 80 Millionen, hat für diese Milde kein großes Verständnis! 90.000 DM, das ist doch keine Strafe; es muß ja ein homerisches Gelächter aus Monaco erschallen über die Dummheit der deutschen Justiz. Mit diesem Staat, dem deutschen, ist kein Staat mehr zu machen! Und wenn das mit der deutschen Justiz so gut klappte, kann man hintenherum über Monaco wieder die Pressezensur einführen! Da es aber keine Zufälle gibt, war auch das ICE-Unglück in Eschede kein Zufall. Schlußendlich war mein letzter Bahnhof und die letzte, die siebente Dienststelle, Celle; dann hat man den Engel des Allmächtigen herausgeworfen! Und am 21. Juni 1998 durfte sich die ganze Staatsspitze der Bundesrepublik Deutschland in der Stadtkirche von Celle versammeln. Das entspricht dem 4.900. Tag seitdem die Nofretete auf der Mauer stand, oder anders gesagt, es war die Vollendung der 700. Woche. Das ist ein wenig viel Zufall. Und wie der römisch-katholische Kardinal Wetter in München sich darüber beklagte, warum musste das gesehen, und warum ausgerechnet da und nirgendwo anders? Als ich das hörte, dachte ich so bei mir, komm mal vorbei, und ich werde dich darüber aufklären. Man sollte die Menschheit aufklären, auch darüber, dass wir in den folgenden Jahren in die wichtigsten Jahre der Menschheit eintreten werden. Da war in der Tat der Fall der Berliner Mauer erst ein Vorspiel zu Ereignissen die noch im Schoß der Zeit ruhen! Und zum Abschluß bringt Frank Schöbel sein Lied: ***Wir brauchen keine Lügen mehr!*** Das Lied wurde am 23. September 1989 zum ersten Mal im DDR-Fernsehen in der 100. Sendung des Kessel Buntes übertragen. Bei der Wiederholung am nächsten Tag war es schon herausgeschnitten worden. Es könnte ja das Volk plötzlich auf die Wahrheit stossen: nämlich, dass noch immer weiter gelogen wird, wie es schon Richard Nixon aus der Vorbilddemokratie USA sagte:

"Es gehört zum Geschäft des Politikers und Staatsmannes die Unwahrheit zu sagen, deshalb kann im moralischen Sinne des Wortes ein Politiker und Staatsmann n i e m a l s lügen!"

Zum Schluß hören wir **Frank Schöbel**:

> Wir verschweigen uns nichts mehr ...
> ... seit die Wahrheit in uns wohnt!
> Seit die Wahrheit in uns wohnt
> ist ein Wort nicht nur ein Wort ...
>
> *...denn wir brauchen keine Lügen mehr!*
> *... denn wir brauchen keine Lügen mehr !*

DRITTER TEIL

1.) 70 Tage vor der Sonnenfinsternis 02.06.1999
2.) 25. Juni 2000 in Hannover

02. Juni 1999
70 Tage vor der grossen Sonnenfinsternis

Ort
Monaco
Palast

TEILNEHMER

Der grosse Unbekannte
Fürst Rainier III,
Polizeichef
Karol Woityla
Henry Kissinger, im Auftrage des US-Präsidenten
Bundeskanzler BR Deutschlands
Präsident Repulic Francaise

Ticken einer Uhr
Stundenzeiger auf 17 h 00
Minutenzeiger auf 07
Sekundenzeiger auf High Noon

SONDERSITZUNG

zwecks einer Entscheidung über den Antrag zur Festnahme des 7. Kindes der Nofretete zur Überstellung auf den Internationalen Gerichtshof

Polizeichef: (wirft die Akte wutentbrannt auf den Tisch) Es ist doch eine Frechheit, wie sie mir noch niemals unterkam! Er droht mit dem endgültigen Untergange Monacos!

Chirac
Na ja, dann ist endlich die überflüssige Reißzwecke aus dem Fleische Frankreichs entfernt. Uns Europäern passt es sowieso schon seit einigen Jahren nicht, dass weltweit tätige Mafiosi bequem per Luxusyacht anreisen, und hier in Blut und Tränen getränktes Geld sauberwaschen. Das hört sich auf! Es hört sich auf, dass Monte Carlo die Hauptstadt der "ehrenwerten Gesellschaft" ist

Fürst
Monaco ist ein souveräner Staat

Chirac
... aber solange es nur der französischen Regierung passt!

XYZ
Er wollte schon als ein Freund Frankreichs zumindest mal mit einer Fremdenlegion Monaco besetzen. Schon Frankreich wollte sich am Ende des 2. Weltkrieges des Staat sich einverleiben.

Fürst
Das werden wir zu verhindern wissen! Deshalb muss das Kind der Nofretete von der Erde verschwinden.

XYZ
Ach nee, dann sind sie wohl auch der Meinung, wenn schon keine Festnahme, so doch ein Mordauftrag. Politische Morde werden fast immer, man soll es nicht glauben, als ein Selbstmord getarnt. Entweder ist man verunfallt oder mit vollständiger Kleidung in der Badewanne ertrunken. Selbst der vorletzte Soldat des Deutschen reiches, Rudolf Heß, hat als der siebente Gefangene 40 Jahre lang allein den Besatzungstruppen tapfer widerstand geleistet, und dann soll er, auch kurz noch vor seiner Entlassung, das Gorbi anregte, plötzlich Selbstmord verübt haben; wahrscheinlich mit tatkräftiger Unterstützung der britischen Schutzmacht. Scheinbar sind die Deutschen doch allesamt Übermenschen. Und nun hat man es noch mit dem letzten Soldaten des Deutschen Reiches zu tun; er erkennt die staatliche Souveränität der Bundesrepublik Deutschlands sowieso nicht an. Immerhin hat er, so quasi hintenherum, das Grundgesetz für sich persönlich ausser Kraft gesetzt.

Chirac
Hatte er nicht schon vor 21 Jahren es dahingehend

geäussert, dass eines Tages ein Fürst erscheinen wird, wie in den Zeiten unserer Jeanne d´Arc. Ihr habt damals noch gelacht; aber wo ist euer Lachen heut´ geblieben?

Schröder
Wir leben in einer Zeit in der grosse Geschichte geschrieben wird. Die Retterin Frankreichs symbolisch Hand in Hand mit dem Retter Europas.

Kissinger
Und 1977 suchte ich ihn schon, aber fand ihn nicht!

Chirac
Die heutige Zeit verlangt Männer! Und keine sogenannten königlichen Hoheiten, die sowieso nicht im Kopf haben - vielleicht im Geldbeutel, und sich dann auch noch unnötigerweise zu Prügelattacken hinreissen lassen. Also brauchen wir kein 18jähriges Bauernmädchen aus Lothringen, sondern, wie gesagt, einen Mann, der ganz Europa in der Hand halten kann. Und diesen Mann, mein lieber Fürst, haben sie herausgeworfen oder heraus werfen lassen. Das er eines fernen Tages Revanche nehmen wird, das war doch vorauszusehen!"

XYZ
Und die grosse Sonnenfinsternis in 70 Tagen überquert auch in ihrem Kernschatten Reims, die Krönungsstätte der französischen Könige. Daher ist es auch kein Wunder, wenn schon vor 444 Jahren diese Sonnenfinsternis als extrem wichtig für Frankreich gelten sollte.

Chirac
Sollte ich da mein Amt verlieren?

XYZ
Warum denn das? Das hat bestimmt etwas anderes zu bedeuten. Schliesslich wurde auch Karl der Siebente in Reims zum König gekrönt und nicht etwa die Jeanne.

Chirac
Wir leisten uns den Luxus, ausser der Demokratie uns noch eine Art Ersatzkönig zu halten; und das ist nun einmal der Fürst von Monaco. Nur - falls es eines Tages doch dazu kommen sollte - Weltgeschichte ist immer anders, als die Menschen denken - dass Frankreich mal wieder zur Abwechslung einen König bekommt, dann brauchen wir keinen Ersatzkönig mehr.!

Schröder
Hoffentlich bekommen wir keinen Kaiser. Ist aber egal. Ich bleibe weiter jetzt noch Kanzler.

Fürst
Aber er liess schon 1980 Bundeskanzler Schmidt nach Monaco fahren. Und schon damals in dem Brief schrieb er vom Heiligen Reich Deutscher Nation.

Chirac
77 Tage vor der Sonnenfinsternis sah er auf dem dt-frz. Kultursender ARTE die Dokumentation: Monaco - eine Neutralität, die sich auszahlt. Das hatte ihn bestimmt aufgebaut.

XYZ
Das kann man wohl sagen. Nur meint er, die Dokumentation hätte richtiger lauten sollen:
Monaco - der vergessen Kriegsschauplatz

Polizeichef
Von wegen, vergessen. Behauptet doch, dass Ernst-August Prinz von Hannover ein Ehebrecher sei.

Fürst
Wird Zeit, dass er vor einen Internationalen Gerichtshof geschleppt wird. Dann wird ihm das vergehen!"

XYZ (wendet sich an Karol Woityla):
Sagen sie einmal Ihre Heiligkeit, was damals stattfand, war das im Sinne der Gesetze Gottes?

Johannes Paul II.
Aber nein doch! Ganz klar was das doch war!

XYZ
Na also! Schon damals schrieb er, dass etwas schlimmes auf ihn zukommen wird. Und dies Schlimme wird sich in der Zeitung wiederfinden. Wo halten sich den heute Ihr Schwiegersohn und Ihre Tochter auf?

Fürst
Das geht sie doch nichts an!

XYZ
Aber einst wird kommen der Tag ....

Fürst
Welcher Tag

XYZ
Lesen sie mal die Bibel!

Fürst
Die Bibel ist ein altes Buch, und hat für uns keine Bedeutung!

Johannes Paul II.
Sie alter Emmauspharisäer! Wie heißt es doch so schön: Und sie erkannten ihn nicht! Aber es geht ja noch weiter: Es geschah ein grosses Erdbeben. Oder anders gesagt: es wird noch ein Weltbeben kommen; und zwar kann es von nun an *jederzeit* ausbrechen!

XYZ
Schon damals als Monaco ihn belogen hat im Dezember 1977 schrieb er in sein Tagebuch: Die letzte Szene ist noch nicht geschrieben, und wenn sie geschrieben wird, dann schreibt es die Weltpresse. So wird es sein und so muss es sein! Und so wird es auch irgendwann kommen. Hat ja nun lange genug gedauert! Mein lieber Fürst, verhindere die Sonnenfinsternis, und in Monaco geht alles seinen Gang.

Johannes Paul II.
So soll man es schreiben . so wird es geschehen!
Man kann doch keine Sonnenfinsternis verhindern!"

XYZ
Unser gemeinsamer Kriegsgegner braucht nicht einmal kommen mehr. Findet sowieso alles in Hannover statt. Was glaubt ihr denn wohl, was er sich bereits die Hände reibt. Oder wie ein Politiker in Deutschland sich mal äusserte: Er kann sich auch noch ganz andere Körperteile reiben ...

Chirac
Da war ihr Grossvater viele cleverer; immerhin hat er sich ganz geschickt aus dem Kriege herausgehalten. Und da haben sie noch den Mut sich mit dem letzten Soldaten des Deutschen Reiches anzulegen, oder ist das etwa gar der erste Soldat des Heiligen Reiches. Da kann doch kein Sieg herauskommen.

XYZ
Und im übrigen, das einzig ehrenhafte am Krieg ist natürlich ***nur*** der Sieg!

Chirac
Dann könnte am Ende doch noch eine Ehrenkompanie der Fremdenlegion - alles Deutsche - durch das Brandenburger Tor mit klingendem Spiel hindurchmarschieren.

25. Juni 2000

50. Geburtstag des 7. Kindes der Nofretete

Ort
Hannover
Restaurant "Am Königsberg"

Französischer Staatspräsident Chirac
Bundeskanzler Schröder

20 h 15

Schröder
Mein lieber Jaques; hier als klebte das Kind der Nofretete an der Mauer im Bilde!

Chirac
Und wie lange hängt es schon da?

Schröder
Seit dem letzten November

Chirac
Und wann erscheint er in Wirklichkeit

Schröder
Weiß ich es? Das weiß keiner so ganz genau! Nicht einmal er! Vielleicht im kommenden Monat

Chirac
Ah, damit es bei der Sieben bleibt

Schröder
Ich bin auch der siebte Kanzler!

Chirac
Mich wundert es, dass noch nichts passiert ist!

Schröder
Er schrieb doch, dass es auf der Expo beginnen wird. Das heißt, die Grundlage wird da gelegt. Und mit dem verhinderten Flaggenhissen des Fürstentumes Monacos, seinen persönlichen Feinden, ist der Startschuß ausgelöst worden. Die Zeitung, an der meine Frau mal

tätig war, schrieb schon: **Der Schocktag. Er begann schon so merkwürdig. Ein Auftakt mit Tücken: Beim Flaggenhissen bewegte sich die Fahne Monacos keinen Millimeter - technische Panne.** Mein lieber Jaques,. technische Panne? Neee, da hat jemand von ganz oben dran gedreht. Und am Abend brach in Celle der Schwiegersohn zusammen.

Chirac
Aber das Beste sollte doch erst noch kommen ....

Schröder
In der Tat! Die Affäre mit der Pinkelei! Wie kann ein Mann von Welt ...

Chirac
... ein Mann von Welt? Na na, lieber Gerhard, das war doch wohl nichts. Schließlich war das doch kein Obdachloser, der das tat, sondern eine Persönlichkeit des öffentlichen Interesses. Hätte das dort ein Obdachloser getan, die Presse hätte es nicht gekümmert.

Schröder
Mein Informanten sagen mir, dass der Prinz - ach ja, nicht zu vergessen, dass der Adel in Deutschland seit 1919 schon abgeschafft ist. Rechtlich heisst es: Ernst August Prinz von Hannover und nicht Prinz Ernst August. Dieses Prinz von Hannover ist nicht mehr und minder ein ganz normaler Nachname wie Maier, Müller, Schulze. Die Österreicher haben damals gleich das VON mit abgeschafft. Das sollten wir hier auch tun. Aber was wollte ich nun sagen: Ach ja, der Prinz startet

in der nächsten Woche eine Entschuldigungsorgie. Aber das wird ihm auch nichts nützen. Denn der Engel des Allmächtigen braucht ihn noch, um das Weltbeben zu zünden. Und wie steht es in der Bibel über den Pharao, der die Kinder Israels nicht ziehen lassen wollte? Er verstockte das Herz des Pharaos. Man könnt sich auf die Vermutung stützen: der Herr verstockte das Herz des Prinzen!

Chirac
Aber erst nach vollzogenem Ehebruch.

Schröder
Ich bin zwar auch ein großer Sünder vor dem Herrn. Aber mir hat er es nicht gesagt, es sein zu lassen.

Chirac
Du, mein lieber Gerhard bist ja auch nicht aus dem Fürstentum hochkantig herausgeworfen worden, und das gleich sieben Mal. Freu dich auf die Expo!

Schröder
In der Tat, ich wollte es, es wäre schon vorbei.

Chirac (kramt in seiner Rocktasche umher)
Was suche ich eigentlich? Ach hier habe ich die Kopie des ersten Briefes vom 13. Oktober 1976.

Schröder
Und ihr seid darauf hereingefallen?

Chirac
Ich doch nicht; meine Vorgänger. Die hätten ihn selbst fragen sollen, aber sie glaubten alles besser zu wissen. Doch was wussten sie? NICHTS. Als er zum ersten Mal auftauchte war ich noch in Paris Bürgermeister. Jetzt bin ich Staatschef. Damals war er noch Eisenbahner, jetzt ist er Chef des himmlischen Geheimdienstes.

Schröder
Jeder gute Staat hat einen guten Geheimdienst

Chirac
So hat auch das kommende Königreich Gottes einen geheimen Dienst. Bereitet das Kommen seines Chefs vor.

Schröder
Und wann kommt sein Chef?

Chirac
Wer weiß es?

Schröder
Vielleicht der Papst

Chirac
Der Papst!

Schröder
Wenn aber nicht der Papst, wer aber dann? Und ausserdem sollte er mal die ganze Wahrheit sagen. Und da soll er das wissen?

Chirac
Könnte doch sein, dass im wirkliche Geheimnis von Fatima das Kommen angekündigt ist, wenn auch niemals der Zeitpunkt. Und nicht was der Vatikan so grossartig in die Welt posaunt hat: nämlich das Attentat!

Schröder
Dann ist das Amt des Stellvertreters Christi in Rom abgeschafft.

Stimme (von oben)
Das hat es nie gegeben!

Chirac
Sagtest du etwas?

Schröder
Sollte ich etwas gesagt haben?

Chirac
Lass uns das Fußballspiel ansehen!

Schröder
Wer wird gewinnen?

Stimme (von oben)
Frankreich gewinnt - hoffentlich auch an Erkenntnis!

VIERTER TEIL

1.) Sondersitzung am
13. Dezember 2000

Berlin-Charlottenburg;
Schloßstrasse 70

2.) Sondersitzung am
17 April 2002

Berlin-Charlottenburg;
Schloßstrasse 70

13. Dezember 2000

70 Wochen nach dem Tag X (11.8.1999)

Ort
Berlin-Charlottenburg
Schloßstrasse 70
Sitzungssaal
Planquadrat 47
Haus 2
Raum 19

Teilnehmer

Der große Unbekannte XYZ
Präsident des SMPK
EU-Kommissar
Botschafter der vier Signartarstaaten
Generalbevollmächtigter
Bundeskanzler der BR Deutschland
Bundespräsident der BR Deutschland
Ernst August von Hannover
Matthias Prinz
Kurt Allgeier
Ingrid Schlotterbeck
Henry Kissinger, im Auftrag des US-Präsidenten
Gordon B. Hinkley, einfacher US-Bürger

Ticken einer Uhr

Stundenzeiger auf 16 Uhr
Minutenzeiger auf 16
Sekundenzeiger auf 37 Sekunden

Sondersitzung
zwecks einer Wiederherherstellung des
Reiches aller Deutschen
an einem 7. MAI 20XX

Generalbevollmächtigter (liest einen Brief)
... oder anders ausgedrückt: Wie lange wollen die USA dem noch zusehen?

Kissinger
Wie lange sollen wir noch auf was warten; auf was?

Generalbevollmächtiger
Na doch, auf die von mir vollzogene Wiederherstellung des Reiches.

Bundeskanzler
Das Reich wird niemals wiederhergestellt.

EU-Kommissar
Deutschland ist schon so lange in der EU eingebunden dass aus diesem Grunde es niemals stattfinden wird und auch nicht kann. Wenn diese komische Politclown nicht sein Amt, dass für uns kein Amt ist - und für uns gar

nichts bedeutet, kann es ihm sehr schnell gehen, dass er vor den europäischen Gerichtshof in Luxemburg gestellt wird

Kissinger
Will die EU einen Krieg mit der USA?

EU-Kommissar
Natürlich nicht!

Bundeskanzler
Wie geht denn der Brief weiter?

Generalbevollmächtiger
Er schrieb weiter... ... in allen Belangen werdendes Erdbeben entstehen zu lassen?

Bundespräsident
Was meint er denn mit "in allen Belangen werdendes Erdbeben entstehen zu lassen?"

Kissinger
Das gerade ist doch die Frage.

Ernst August v. H.
Mich will er dazu benutzen. Ich habe mich doch bei der BILD-Leiterin von Hannover entschuldigt am 13. Oktober 2000, und er wirft Bomben. Unter anderem die Kriegserklärung an Monaco, und dazu benutzt er mein nicht vorhandenes Königreich. Und das siegelte er auch noch mit dem Wappen des alten Kaiserreiches von 1871, und behauptet dann ganz frech; er sei der letzte

Soldat des Reiches.

XYZ
Wenn er beinahe am 20. Januar 1985 von den Engländern, so quasi als Kriegsgefangener behalten worden wäre; und dann hätten sie ihn ins Kriegsverbrechergefängnis nach Spandau eingeliefert; und die beiden, Heß und er hätten sich dann noch unterhalten dürfen, denn dann wären die unter Verschluß gehaltenen Akten schon vor 2017 bekannt geworden. Erinnere daran, dass die Westberliner Polizei ihn den Briten hätten übergeben müssen.

Prinz
Warum kann der Verfassungsschutz nicht gegen ihn vorgehen?

XYZ
Was ist denn dieses? Ein Verfassungsschutz oder Staatsschutz? Der Verfassungsschutz erklärt dass sie für ihn nicht zuständig seien.

Generalbevollmächtigter
Wenn man bedenkt dass bereits vor der sogenannten Wiedervereinigung das Grundgesetz ausser Kraft gesetzt wurde. Und de jure ist die Bundesrepublik längst erloschen

Bundeskanzler
Wenn es die Bundesrepublik, wie sie doch frech behaupten nicht gibt, wieso stehe ich mit an der Spitze dieses Staates; und der Bundespräsident ist der erste

Mann hier. Und was suchen sie überhaupt hier? Man hat doch mal wieder bei ihnen amtlich festgestellt, dass sie geistig sehr verwirrt sind, und durch ihre krankenhafte Geistesstörung Schuldunfähigkeit attestiert. Und vor allen Dingen, wann wollen sie etwas proklamieren, was doch schon längst Wirklichkeit ist; ich spreche von der sogenannten Proklamation Berlins zu Großberlin. Die ist im übrigen schon in den 20er Jahren des 20. Jahrhunderts vollzogen wurden. Überhaupt scheint mir die USA die deutsche Geschichte nicht zu kennen. Und wenn ich mich schon darüber aufregen muß, mehr als ich bin, sind sie nämlich auch nicht; nur viel schlimmer: Sie wurden, wenn es stimmt, was die USA aber abgelehnt hat zu bestätigen, ein noch größerer Lakai und Speichellecker einer Besatzungsmacht; und damit hat das Bundesrecht doch mehr Geltung als was sie wie ein Tanzbär der USA uns aufführen lassen!"

Generalbevollmächtigter
Reichsrecht steht über Bundesrecht

EU-Kommissar
Und im Europarecht ist keinesfalls das Reichsrecht vorgesehen. Damit hat es keine Gültigkeit. Die Souveränität eines Landes oder Staates kann man daran erkennen, dass es die eigene Währung herausgibt. Und ist erst der Euro im Jahre 2002 als Zahlungsmittel eingeführt- eine Wiederherstellung eines Deutschen Reiches wird niemals erfolgen - dann werden sie schon merken, dass alles was sie glauben zu vollziehen zu müssen, eine Spinnerei ist. Und selbst wenn es so wäre; dass Reich muß aus sich selbst wiederkommen, und

nicht auf Anweisung einer aussereuropäischen Macht. Und da es bekanntlich keine vom Volk freigewählte Vertretung des Deutschen Reiches gibt, kann es auch - und wird es auch niemals - zu einem Friedensvertrag kommen. Sogar die Bundeswehr handelt auf Weisung der USA, und untersteht durch die Nato dem obersten Befehlshaber der US-Armee, und ist doch nichts weiter als eine Hilfstruppe der Amerikaner. Zum Krieg führen brauchen sie den Haufen sowieso nicht. Da das Reich, wie gesagt, nun nicht mehr handlungsfähig ist und das schon seit Jahrzehnten, kann es auch keine persönlichen Soldaten mehr aufstellen, die für Deutschland kämpfen und nicht einer obskuren Besatzungsmacht wie den USA dienen müssen!

Ernst August
Wenn sie sich da mal nicht gründlich irren? Woher kommt die Kriegserklärung an Monaco? In den fortgesetzten Kampfhandlungen des großen Krieges, der nicht mehr mit Kanonen, sondern mit dem Geist ausgetragen wird, wird der letzte Soldat des Reiches vollkommen unbesiegbar werden!

Kissinger
Und dieser letzte Soldat ist auch noch gleichzeitig der nullte Deutsche; nämlich der, der noch vor dem ersten, dem Bundespräsidenten kommt. Im übrigen wartet er schon seit 8188 Tagen auf eine Antwort aus den USA!

Botschafter Frankreichs
Letzter Soldat des Reiches; wie kommt er denn auf diesen Unsinn?

XYZ
Unsinn? Wirklich Unsinn? Wo hat denn die Wehrmacht das erste Mal total kapituliert? Die Antwort lautet: in einem Schulhaus in Reims am 7. Mai 1945 2 h 41; und am folgenden Tag, dem 8. Mai unterzeichnete Generalfeldmarschall Keitel die Urkunde in Berlin. Man hätte für das sogenannte Kriegsende doch einen anderen Tag, als ausgerechnet den 8. Mai nehmen müssen. Und auch jedwede andere Stadt, als ausgerechnet Reims bei der ersten Unterzeichnung von Generaloberst Jodl; und erst recht nicht dies Gebäude!

Botschafter Frankreichs
Was soll das nun werden?

XYZ
Das ist doch ganz einfach zu begründen: am 8. Mai 1429 hatte Jeanne d`Arc Orleans befreit und ist dann nach Reims mit ihrem König, dem siebenten Karl dorthin gezogen um ihn zum König zu krönen.

Botschafter Frankreichs
Verstehe ich immer noch nicht??!

Bundeskanzler
Das ist doch ganz leicht zu verstehen. Alles symbolisch gesehen: ***Der Retter Europas Hand in Hand mit der Retterin Frankreichs,*** so etwas habe ich schon einmal erwähnt. Gleiche zwei Anfangsbuchstaben im Nachnamen der beiden Menschenkinder; gleiche zwei Anfangsbuchstaben im Geburtsort der beiden; sowie die

beiden gleichen Daten: 8. Mai, in dem Fall der 8. Mai 1429 und der 8. Mai 1945; sowie Reims; die Stadt der Krönung und die Stadt der Niederlage; aber wird es am Ende auch eine Niederlage sein? Oder vielleicht ein Triumph? Aber warum Schulhaus; das kann ich nicht verstehen?

XYZ
Was ist denn nun eine Schule? Da stellen wir uns mal ganz dumm und sagen, dass dort unmündige Kinder unterrichtet werden. Man wollte alle Deutschen damit demütigen und auch kundtun, dass sie alle einen politischen Vormund brauchen. Damit hat nun die linksgerichtete CDU-Chefin doch mal recht, als sie sagte: Die Deutschen sind nicht in der Lage Entscheidungen zu fällen; schließlich muß sie es ja am Besten von allen politischen Verantwortlichen wissen: nicht umsonst war sie bei der Freien Deutschen Jugend im Ressort Agitation und Propaganda. Wieviel DDR-Sozialismus steckt noch in der Angela. Und damit hat sie recht. Warum gehen wir noch zur Wahl? Wenn die Stimmzettel in den Papierkorb wandern. Sie hat ja in diesem Falle absolut recht: denn die letzte Instanz für die deutschen Richtlinien ist und bleibt Amerika; was nun doch nun zur Folge gehabt hätte, dass wir Deutsche uns an der Wahl des US-Präsidenten hätten beteiligen müssen. Kein Wunder, wenn die USA tagelang plötzlich einen Präsidenten suchen mussten. - Nun gehen in eine Schule eben Schüler; mithin unmündige Kinder. Wenn man die Kriegserklärung an Monaco ansieht, was sieht man dort stehen: ...

... das Siebente Kind der Nofretete ...

wobei auch die Symbolik bei Charles dem Siebenten steht. Nun ja, ein wenig viel des Zufalles. Selbst Goebbels hat sich als ein Visionär betätigt, als er am 7. Dezember 1943 gesagt hat:

"Eisenbahner sein heißt heute etwas mehr als einem X-beliebigen Berufsstand anzugehören. Es heißt heute, einen großen Teil der Kriegsentscheidung in der Hand haben!"

Botschafter Frankreichs
Jetzt geht mir mehr als nur ein Licht auf, warum er denn ausgerechnet in Frankreich begonnen hat.

Hinkley (*einfacher Bürger der USA*) liest eine Übersetzung:
Was meint er eigentlich mit: **kommt vom Himmel - aus der Kirche des Herrn ein Engel desselben -**

Kissinger
Nun ja, mein lieber Hinkley. Sie müssten das längst wissen!

Hinkley (*als Prophet ???*)
Und warum kann das ausgerechnet kein Prophet tun?

Kissinger
Sie haben einen entscheidend großen Fehler!

Hinkley (*schüttelt seinen Kopf*)
So, so, seit wann habe ich denn diesen Fehler. Mir ist das nicht bewusst!

Kissinger
Seit dem 23. Juni 1910, seit dem Tage ihrer Geburt; sie haben nämlich für diesen Plan die echt falsche Staatsangehörigkeit; sie sind nur US-Amerikaner. Bei mir wäre das alles noch etwas anderes gewesen; denn schließlich bin ich im Freistaat Bayern, in Fürth, geboren. Ich bin nur ein Beuteamerikaner.

Hinkley
Beuteamerikaner? Komischer Ausdruck!

Kissinger
Vom logischen Standpunkt betrachtet; schließlich ist der Weltkrieg Nummer Zwei noch lange nicht zu Ende, wenn es auch der Menschheit permanent eingebläut wird! Und um den jetzt endlich zu beenden, haben wir uns hier in Berlin versammelt - und da meint er doch, dass die USA gegenüber dem noch nicht untergegangenen Deutschen Reich, das sich noch in einem todesähnlichen Koma befindet, noch immer eine Feindnation ist; und damit sind sie, wie jeder andere amerikanische Staatsbürger auch, leider, ich muß es mit aller Deutlichkeit sagen, ein Feind der Deutschen!

Hinkley (*nun ein Feind der Deutschen*)
Ach ja ... der hat wohl schöne Ansichten über mich! Ich bin doch kein Feind der Deutschen!

Kissinger
Als Prophet niemals; aber als Bürger einer Feindnation jedoch doch! Aber sie haben dafür die seltsame Ehre,

falls es eine ist, auch ein Teil der Berliner Mauer sein zu dürfen. Im letzten 7-Tage-Zyklus (*terrestrialer Zeitrechnung*) stehen sie 2 Tage und 2 Jahre vor der absoluten Mitte in Verbindung mit der großen Zahl "SIEBEN". Und ausserdem sagt er, es kann nichts so schlimm sein, dass es nicht noch schlimmer kommen könnte. Nicht nur, dass sie ein Staatsbürger der USA sind, nein, sie sind, welche Frechheit, auch noch zum Feind übergelaufen!

Hinkley (*als Deserteur*)
Was heißt das? Zum Feind übergelaufen!

Kissinger
Zum Feind übergelaufen heißt doch nichts weiter als zum Feind übergelaufen. Womit sie dann natürlich kein Feind der Deutschen mehr sind. Sie sind in die neue deutsche Wehrmacht aufgenommen worden. Die alte ist ihnen ja, wie vorhin dargelegt worden ist, in einer Schule in Reims abhanden gekommen. Wer aber gegen uns, die USA erlaubt sich einen Krieg zu führen, hat von seiten der USA mit der Todesstrafe zu rechnen.

Hinkley (*als Soldat der Neuen Deutschen Wehrmacht*)
Dann darf die USA nicht einmal vom himmlischen Vater zur Rechenschaft gezogen werden?

Generalbevollmächtigter
Da ich von den USA eingesetzt worden bin, demzufolge der USA dienstverpflichtet bin, handele ich stets auf Weisung der USA; will damit nur sagen, dass die USA nicht selbst in Erscheinung treten will; läßt sie andere

für sich arbeiten.

Kissinger
Könnten eigentlich seine Kriegserklärung in die Presse bringen, genauso verschlüsselt, wie es einmal in der Berliner Zeitung stand: Ende des Sonderweges: Hannover ... Womit der Sonderweg der sogenannten Bundesrepublik gemeint ist. Kurz nachdem er am 13. Oktober wieder in Berlin aktiv wurde. Wenn er nicht zu besiegen geht, muß man sich an das halten, was er sagt: Was man nicht verhindern kann, das muß man benutzen. Und können wir den Krieg nicht so gewinnen, müssen wir uns auf die Seite des Siegers schlagen, womit wir dann immer noch eine Siegernation sind!

XYZ
Ihm ist sehr wohl aufgefallen, dass am 3. Oktober 2000 die Nofretete als eine sehr geheimnisvolle Königin im Fernsehen auftrat. Durch eine merkwürdige Zeitverzögerung begann der Bericht erst um 16 h 37. Also in der 997 Minute des Tages. Und rechnet man 1000 dazu, schreiben wir 1997. Und im Jahre 1997 kam der Himmel mit seiner Hilfe in der Form des Kometen Hale-Bopp.

Schlotterbeck
Am 88. Tage der Findung der Nofretete schrieb er mir einen Brief. Ich weiß nicht, warum er gerade dieses Datum nahm, und auf den 88. Jahrestag hinwies.

Prinz
Der führt doch sicher schon wieder etwas gegen meinen

Klienten Ernst August und gegen den Fürsten im Schilde.

Botschafter Frankreichs
Dieser Krieg ist bereits zu Ende; nur scheint der Fürst es nicht bemerkt zu haben!

Allgeier
Und ich kann schon gar nicht verstehen, warum ich hier sein soll?

Botschafter Frankreichs
Das verstehen sie nicht

Allgeier
Keine Ahnung!

Botschafter Frankreichs
Sie haben doch behauptet, dass im August 1999 der sogenannte Chiren erscheinen soll. Und heute schreiben wir schon 70 Wochen nach der Sonnenfinsternis, und erschienen ist der bis heute nicht! In ihren Ausgaben schrieben sie doch, dass hört sich so an, als würde der französische Präsident ermordet werden, und dann würde dieser imaginäre Chiren die Macht übernehmen. Mich hätte es sehr gewundert, wenn die Interpretation richtig gewesen wäre. Man kann zur Schlußfolgerung neigen, dass, was sie jetzt als der Wahrheit letzten Schluß verkünden, ist der Wahrheit die Ehre zu geben, natürlich genauso wenig wahr, wo sie doch schrieben: er käme spätestens im folgenden Jahr, dem Jahre 2001.

Allgeier
Noch ist das Jahr 2001 nicht herum; er kann immer noch kommen: Wir haben noch 383 Tage bis Sylvester 2001!

Kissinger
Das einzige was Sylvester 2001 endet sind die Ansprüche an das Deutsche Reich; das könnte kommen. Ausserdem wird es dann auch sehr schnell Zeit. Vielleicht geht es so schnell über die Bühne, wie das Zugunglück des ICE 884. Der Zug brauchte bei der immensen Geschwindigkeit nur drei Sekunden um aus dem Geleise zu fallen; entwickeln wir dieselbe politische Geschwindigkeit, dann brauchen wir nur drei Tage um die Bundesrepublik Deutschland entgleisen zu lassen, und dann durfte auch damals die bundesrepublikanische Staatsspitze am 4.900. Tag, nachdem die Nofretete am 20. Januar 1985 auf der Mauer stand, sich in Celle versammeln. Im übrigen war das gar keine Provokation gewesen, denn dann wäre es gegen die damalige DDR gerichtet gewesen; es war gegen die vier Signartarstaaten gerichtet, womit diese Aktion in den Rang **rechtmäßiger Kriegsführung** gehoben wurde, laut Gesetz:

SHAPE Verordnung Nr 1

Artikel VI Strafausschliessungsgründe
1. Handlungen rechtmässiger Kriegsführung seitens Personen, die als Kriegsführende gelten, sind nicht strafbar.

Woanders, als wenn nicht im Zentrum der deutschen Hauptstadt. Immerhin waren die alliierten Militärs daran beteiligt gewesen, und schon damals stieg er zum letzten Soldaten des Deutschen Reiches auf. Denn 70 Wochen vor der Sonnenfinsternis war es, dass man sich hier traf in diesem Gebäude. 177 Tage nach seiner Kriegserklärung, womit symbolisch gesehen der Waffenstillstand aufgehoben wurde. Im IMT in Nürnberg hat schon Mister Jackson darauf hingewiesen, dass die Signartarstaaten sich noch im Kriegszustand mit Deutschland befinden und lediglich ein Waffenstillstand durch die bedingungslose Kapitulation der Wehrmacht herrsche. Nun meinen doch tatsächlich viele, mit den Zwei-plus-vier-Gesprächen ist der Krieg beendet worden, dem ist leider- oder für uns Deutsche gesagt: Nicht so! Man schrieb den 3. Juni 1998 als der ICE 884 entgleiste; also 8 Wochen nach dem 8.4. Interessante Zahlensymbolik.

Schlotterbeck
Ist das der Grund die Zahl 88 zu nehmen?

XYZ
Unter andrem. Die nächst kleinere Zeiteinheit ist der Monat: also 88 Jahre und 4 Monate. Und das ist nun einmal der 6. April 2001 nach dem 6. Dezember 1912, dem Findungstag der Nofretete. Als er im Dezember 1982 vorschlug das Brandenburger Tor am Tage des Winteranfanges zu öffnen, um dort auch symbolisch gesehen, die Sonne wieder an den nun länger werdenden Tagen auferstehen zu lassen; da wußte er ja auch nicht, was und warum er das sagte; nur sieben Jahre später trat das ein. Warum soll es nicht wieder eintreten. Lassen wir uns mal überraschen. Doch zu diesem Zeitpunkt

wußte er noch nicht, dass mit der Öffnung des Brandenburger Tores wiederum symbolisch der SIEBENTE TAG (terrestrialer Zeit) der Menschheit geöffnet wurde. Und kein Mensch hat es gewußt!

Hinkley
Das ist ein gutes Datum, der 6. April; aber warum hat es denn kein Mensch gewußt. Und wann begann der ERSTE TAG wenn wir schon vom SIEBENTEN TAGE sprechen?

XYZ
Der ERSTE TAG begann am 23. Dezember 1805; am Winteranfange dieses Jahres. Symbolisch war das die Mitternacht gewesen; das Schlüsseldatum ist der 13. August 1961, die Errichtung des Grabsteines Christi der Moderne in Berlin. Welch mysteriöser Zufall!! Und alles was uns als ein blinder Zufall nur erscheint, ist aus dem Saale des Vorlebens geschickt worden. Und sollte es mit dem Aprilmonat doch nicht klappen hat er noch einen Joker in oder besser gesagt, an der Hand.

Präsident SMPK
Deshalb Mister Hinkley haben wir sie ja nach Berlin eingeladen. Nachdem die Berliner Mauer als Grabstein Christi symbolisch gefallen ist, ist es nur rechtens sondern auch billig, dass sie anwesend sein werden.

Ernst August
Damit ist aber immer noch nicht gesagt, wann und wo, wer das Reich wiederherstellt. Auf das sogenannte Bundesgericht pfeife ich; denn erst wenn das Reich

wieder da ist, bekommen die Welfen ihre gestohlenen Besitztümer wieder zurück, die in Mitteldeutschland liegen. Denn Reichsrecht bricht immer noch Bundesrecht.

Kissinger
Was tun wir nun? Wie bewerkstelligen wir die von ihm gewünschte Reichswiederherstellung. Ich werde auf alle Fälle erst einmal nach Washington zurückreisen; denn es scheint mir etwas im Busch zu sein! Bei dem Vater George Bush fiel die Mauer. Wer weiß denn schon, was jetzt über uns fällt?

Generalbevollmächtigter
Dann kann ich ja bald die Proklamation bekanntgeben!

Kissinger
Wer am Ende das Reich wiederherstellt, dass liegt ganz im Ermessen der USA.

Schlotterbeck
... oder auch nicht

Kissinger
Wie gesagt, eigentlich müsste es ein Prophet tun; nur er hat halt doch die falsche Staatsangehörigkeit. Sagen sie es doch einmal Mister Hinkley, was hat sie eigentlich dazu bewogen, am 12. Juni 1996 ins NATO-Hauptquartier zu kommen?

Hinkley
Das ist doch unwichtig für hier.

Kissinger
Ich habe mir sagen lassen, dass es Menschen gibt, die der Meinung sind, und sie auch vertreten, das was sie sagen, immer wichtig sei. Es gibt da so eine Proklamation an die Bevölkerung der Erde.

Hinkley
In der Tat ist sie für die Menschheit sehr wichtig, und wenn ich schon etwas sage, dann sage ich es auch mehr als deutlich, damit mich dann auch jeder jederzeit versteht und mich nicht etwa noch mißverstehen kann.

Präsident SMPK
Ich hoffe doch dass wir uns eines Tages wiedersehen werden. Am liebsten wäre es mir an einem 6. April. So bedanke ich mich denn für ihr Erscheinen und hoffe doch sehr, dass wir uns noch einmal in Berlin wiedersehn werden!

17. April 2002

70 Wochen nach dem 13. Dezember 2000
140 Wochen nach dem Tag X (11.8.1999)

Ort
Berlin-Charlottenburg
Schloßstrasse 70
Sitzungssaal
Planquadrat 47
Haus 2
Raum 19

Teilnehmer

Präsident des SMPK
Mette Pynnönen
US-Botschafter
Botschafter der vier Signartarstaaten
Generalbevollmächtiger
Bundeskanzler der BR Deutschland
Bundespräsident der BR Deutschland
Aussenminister Fischer
der "nullte" Deutsche
Georg Bush sen.
Henry Kissinger, im Auftrag des US-Präsidenten
Gordon B. Hinkley, einfacher US-Bürger

Ticken einer Uhr

Stundenzeiger auf 15 Uhr
Minutenzeiger auf 07
Sekundenzeiger auf 19 Sekunden
2. Sondersitzung

nach der grossen Sonnenfinsternis

Bundespräsident
Lasst uns, bevor wir beginnen, eine Schweigeminute für die Opfer des 11. September 2001 gedenken.
(Eine Schweigeminute)
Lieber Henry, konnte die USA als Weltmacht nicht dieses Attentat verhindern?

Kissinger
Sind wir nun unter die Hellseher gegangen?

Bundespräsident
Was hatten sie das letzte Mal gesagt? Wer weiß denn schon, was jetzt über uns fällt. Und im übrigen hätten sie sich die Grafik genauer angucken sollen!

Kissinger
Warum sollte ich die mir ansehen?

Bundespräsident
Nicht nur dass der berühmte 7. Tag mit der Öffnung des Brandenburger Tores begann. Die Öffnung des Tores wurde erst am 19. Dezember in der Aktuellen Kamera bekanntgegeben! Kohl und Momper mussten das erst aus dem Fernsehen vernehmen. Gegen Abend des 21 Dezember rückten sie mit schwerem Gerät endlich an und der erste Mauerdurchbruch dort wurde am 21. Dezember 1989 23 h 35 Weltzeit vollbracht, gerade mal 132 Minuten nach dem Beginn des Winters auf der nördlichen Halbkugel. Geplant war der Abriss der Mauer vor dem Tor bereits am 21. Dezember gegen 22 Uhr; da aber die Mauer aus deutscher Wertarbeit bestand, und daher Widerstand leistete, konnte es erst 2 1/2 Stunden später geöffnet werden. Und der Beginn des 7. Tages fiel symbolisch auf den 11. September. Da kann ich mich fragen: War das ein Zufall? Und wer hat es befohlen?

Der 0. (NULLTE.) Deutsche
Schon 7 Jahre vorher im November/ Dezember 1982 "befahl das 7. Kind der Nofretete den Abriss der Mauer zum Winteranfange", ohne dort das Jahr zu erwähnen. Und der Winteranfang wäre tatsächlich gegen 22 Uhr am 21 Dezember 89 eingetreten. Warum sollte es auch ausgerechnet zu so später Stunde geschehen? Das musste doch einen ausser-gewöhnlichen Grund besitzen. Dies ist auf einer MC zu finden. Später, 1986, hinterliess er eine weitere Botschaft in der Ambassade de Monaco in Paris. Und ein Platz hiess in der Nähe: "Platz der kämpfenden Schriftsteller." Nur gestorben war er für Frankreich nicht.

Hinkley
Eine solch wichtige Sache ist niemals ein Zufall gewesen; wer es dann auch immer war; ohne den ***premier Monarch de l'univers*** geschieht auf der Erde gar nichts.

Der 0. (NULLTE.) Deutsche
Wahrscheinlich soll die Menschheit mal aus ihrem tiefen Schlaf geweckt werden, und das Ende der Spaßgesellschaft eingeläutet werden. Doch ich denke, nach einem halben Jahr geht es weiter wie bisher auch. Daher bedarf es wahrscheinlich einer noch größeren Detonation; aber ich befürchte trotzdem, die Menschen werden sich wieder den alten Tätigkeiten zuwenden.

Kissinger
Im übrigen finde ich es doch verdächtig mysteriös; wo ich doch in Bayern geboren bin, dass ausgerechnet am 6. April 2002 über Bayern ein größerer Meteorit niedergegangen ist, nicht wahr, Mister Hinkley, wo ich doch das letzte Mal erwähnt habe, dass ich zwar ein Beuteamerikaner sei; aber in Bayern geboren bin ich auch ein "Bayer". Frage mich doch wirklich: die Welt ist schon so groß, und wie vom Himmel bestellt, müssen sich die Leute in Bayern über eine Himmelserscheinung aufregen.

Hinkley
Denken sie sich: sie hätten hier groß was zu sagen? Jesus hat selbst zu Pilatus gesagt, wenn er die Macht nicht von oben hätte, hätte er keine Macht über ihn.

Schon Pilatus musste sich mit unserem Herrn auseinandersetzen, ob der nun wollte oder nicht. Natürlich meinte der Herr nicht den über ihm stehenden Kaiser, sondern den, der das ganze Universum regiert ...

Pynönnen
Warum bin ich denn eigentlich zu dieser Gesellschaft eingeladen worden?

Präsident SMPK
Sie! Genau Sie und keine andere! Meine liebe junge Dame werden in naher als Zukunft als altägyptische **Prinz**essin eine große Rolle spielen.

Pynönnen
Da muß ich mich aber doch ein bisschen wundern; warum denn gerade ich kleines Menschenkind?

Der 0. Deutsche
Das kann nur daher kommen, dass sie in das Blickfeld des Mannes geraten sind, als gerade die Expouhr auf 33 Tage 777 Stunden und 7 Minuten und 7 Sekunden stand. Und da müssen ausgerechnet sie als die junge Dame aus der Hainhölzerstrasse 7 an ihm vorbeilaufen.

Pynönnen
Ach nee, du bist das also gewesen?

Bundeskanzler
Ich wohne auch in Hannover; bin genau so wenig sicher vor ihm. Ich kann hunderte von Bodyguards um mein Anwesen rumstellen; das stört den gar nicht.

Georg Bush sen.
Na ja, der macht doch alles mit dem Geist.

Der 0. Deutsche
Nach diesem Theater lass uns ins Theater gehen!

Pynönnen
Sehr schön ...

Der 0. Deutsche
Das ist doch als Ausgleich gedacht für den 11. April - im übrigen ist es 7 Wochen vor deinem Geburtstag gewesen - denn damals meine liebe Mette hast du mir eine Karte gegeben um dich dann auf der Hannovermesse besuchen zu dürfen, wo du als Messehosteß bei der Austria-Metall tätig warst; ausserdem war das auch noch der Stand Nummer 7 in der kleinen Halle.

Pynönnen
Das weißt du noch?

Der 0. Deutsche
Ich weiß noch mehr. Am 7. August 1993 nahmst du an der ZDF-Sendung **Der große Preis** dran teil; Moderatorin war damals Caroline Reiber. Zwar hast du ihn damals nicht gewonnen; aber wer weiß denn schon, ob es nicht einen noch weit größeren Preis gibt. Und zwei entscheidende Fragen hast du damals nicht beantwortet. Und bei Jeder gegen Jeden warst auch du anwesend. Weißt du noch was damals an der Hauswand

stand? Es stand daran: **Bauring Baut Besonderes**; dass hieß damals schon ganz anders: **Bauring beherbergt Besonderen.**

Pynönnen
Da meinst du wohl, ich bin auch etwas Besonderes. Was sind das für Fragen? Auf die erinnere ich mich nicht mehr, oder will mich nicht mehr erinnern! Und wie kommst du auf die Idee, dich selbst als der nullte Deutsche zu bezeichnen?

Bundespräsident
Er meint doch ganz klar, dass er noch protokollarisch vor mir kommt!

Kissinger
Das hat nicht er gemeint! Das sagte ich vor 70 Wochen hier in Berlin.

Hinkley
Wenden wir uns wieder anderen Dingen zu. Am 23. Mai kommt Georg Bush jun. nach Berlin gereist - nicht wie im Februar 2001 Aussenminister Fischer nach Washington fahren konnte, durfte und am Ende auch noch musste!

Botschafter USA
Hingereist ist er als **antiamerikanischer EX-Versuchsterrorist**; und dann kam er in die große Waschmaschine - die kleine steht in Berlin - und fuhr dann als **Ministro de l´Extremo**, und als amerikanischer Amerikaner reingewaschen wieder heim.

Das kommt dann auch daher, wenn man die Schriften des 7. Kindes der Nofretete mit sich rumschleppt.

Pynnönen
Wer ist denn das nun schon wieder?

Präsident SMPK
Das ist der Mann, der sie zur Prinzessin erhob.

Pynnönen
Ach so ... Deshalb befinden wir uns hier in diesem Gebäude; ich habe mir schon die Frage gestellt: Warum denn gerade hier? Und eine altägyptische Prinzessin bin ich schon gar nicht; ich bin nur ein Mädchen aus Helsinki.

Präsident SMPK
Was glauben denn sie, was ihn das stört? Und von einer Prinzessin aus dem alten Ägypten bis zu einer großen Königlichen Gemahlin ist es dann nur noch ein kleiner Schritt.

Der 0. Deutsche
Sie ist nicht nur eine Prinzessin. Sie hat auch den Geist von Helsinki, wie man so sagt, in sich. Ich will damit nur zum Ausdruck bringen, dass die Zwei-plus-vier Gespräche auf der Grundlage von Helsinki geführt worden sind. Und als meine Königin habe ich dich dafür mit vorgesehen, meinen öffentlichen Auftritt, ob du es nun willst oder nicht willst, mit vorzubereiten, am liebsten wäre es mir natürlich global. Hast du meine Zeitungsausschnitte noch?

Pynnönen
Na, schöne Aussichten sind das ja! Muß denn das nun unbedingt ich sein? *(liest einen Zeitungsausschnitt)* Merit Mette! jenseits der Liebe ist die Liebe zeitlos, denn du bist gekommen, um verjüngt immer zu leben! Wenn der starke Herr des richtigen Handelns Dich über die Zeiten in die gewaltige Ewigkeit trägt.

Hinkley
Die Liebe ist immer zeitlos; und in die Ewigkeit wollen wir erst hin.

Der 0. Deutsche
Die wahre Liebe wird auch niemals sterben:

*Du gabst mir die Liebe
in mein Herz hinein;
als wir uns sahn,
da wußte ich, ich bin dein.*

*Und gehen wir durch
Elend, Trauer und Not,
so wissen wir doch,
die Liebe stirbt nie, niemals ist sie tot.*

*Und ewig wird sie leben,
nicht nur hier, sondern auch dort;
so laß uns gemeinsam streben
zum himmlischen Ort:*

*Dort waren wir Zuhause,
einst - vor unserer Zeit;
so soll es wieder werden
in zeitloser Zeit.*

*So kehren wir heim
ins himmlische Reich
als König und Königin
den himmlischen Eltern gleich.*

*Und so ist meine Liebe zu Dir
auf die Treue gebaut
denn im Tempel des Herrn
wirst zur Großen Königlichen Gemahlin an mich
getraut.*

Hinkley
Aber an die Hauptsache sind wir noch nicht gekommen.

Kissinger
Na ja, die Wiederherstellung des Reiches.

Bundespräsident
Wiederherstellung des Reiches? Kommt gar nicht in Frage!

Pynnönen
Der Mauerfall kam auch nicht in Frage. Und was war am Ende? Die Mauer fiel - weil sie niemals fallen sollte.

Kissinger
Und was ist mit seiner Kriegserklärung?

Pynnönen
Ich hörte Kriegserklärung soeben! Wieviel Kriege führt er denn eigentlich so ganz nebenher?

Der 0. Deutsche
Beim großen Preis war dein Thema, meine geliebte Mette, Fred Austerlitz, der mit dem Künstlernamen Astaire. Und in der Liebe und im Krieg ist doch alles erlaubt. Ich werde auch dich noch besiegen, wie einstmals Napoleon die Truppen bei Austerlitz. Wie ist das nun mit den beiden Fragen, die du bist heute nicht beantwortet hast. Erste Frage: Warum zeigte das ZDF einen Ausschnitt mit der damals 28jährigen Audrey Hepburn, die natürlich prompt ein Hochzeitskleid trug. Im übrigen warst auch du bei der Sendung 28 Jahre alt.

Pynnönen
Was soll das heißen? Und die zweite Frage?

Der 0. Deutsche
Es geht um Berlin. Warum zeigte das ZDF einen Ausschnitt mit dem Feuerwerk des Andre Heller vom 7.7.1984?

Pynnönen
Woher soll ich denn das wissen?

Der 0. Deutsche
Weil vor 7 Jahren, am 7.7.77 aus der Hainhölzerstrasse 7 in der du ja noch heute wohnst, alles begann.

Kissinger
Was ist denn nun mit seiner Kriegserklärung?

Botschafter USA
Kriegserklärung ist gut!? Man kann es auch ganz anders nennen:

Waffenstillstandsaufhebungserklärungsurkunde

Kissinger
Mann, ist das ein Wortungetüm. Dabei denke ich doch noch immer, dass die USA das Land der unbegrenzten Möglichkeiten sei. Aber in Deutschland gibt es sogar das, was es bei uns nicht gibt. Die sind wahrhaftig die gefährlichste Nation der Erde, so dass sie sich selbst besetzt halten müssen. Am Ende des zweiten Weltkrieges ...

Der Nullte Deutsche (wirft ein)
... der noch niemals zu Ende ging!

Kissinger
... hätten wir doch die Deutschen auf die umliegenden Länder alle als Zwangsarbeiter verteilen sollen; und nicht nur die paar Millionen, die unter Stalins Knute in Sibiren schuften mussten. Und Deutschland wäre endlich aufgelöst gewesen. Die französisch-polnische Grenze wäre dann quer durch das ehemalige deutsche Gebiet gelaufen. So an dem kleinen Flüsschen Oker. An der Oker liegt Wolfenbüttel. 1922 trat dort in die Reichswehr ein junger Fähnrich ein; dort begann er seine militärische Laufbahn, die er dann als

Oberkommandierender der alten Wehrmacht mit Unterzeichnung der Kapitulationsurkunde in Berlin beendet hat. Und der Visionär gegen seinen Willen Josef Goebbels meinte das schon, dass die Entscheidung nicht bei den Soldaten liegt, sondern in den Händen der Eisenbahner. Woher der das wohl wusste? Und dieser Eisenbahner begann seine berufliche Laufbahn gleichfalls in Wolfenbüttel.

Georg Bush sen.
Und Gorbatschow hat im Jahre 2000 in Berlin gesagt: es gibt ein Geheimnis um die Wiedervereinigung. Den Journalisten, denen er es gesagt hatte, die stellten dann die Frage: Was ist das für ein Geheimnis? Darauf ließ Gorbi die Journalisten im Regen stehen! Der Mann, um den sich alles dreht, ist ein Paradoxon; jedenfalls bis heute noch -und noch ein weilchen länger- der Mann ist schon lange weltberühmt - nur es kennt ihn keiner - ausser der Prominenz! - Sage ich mal heute in Berlin-Charlottenburg.

Pynnönen
Erinnert mich an früher, als wir als Hausgemeinschaft eine Fete feiern wollten; und jeder der daran teilnehmen wollte, sollte sich an den angeschlagenen Zettel aufschreiben; auch der Name Gorbatschow stand daran; gekommen ist er natürlich nicht; ich war auch nicht dabei. Aber wer hatte das geschrieben? Irgendein so unbekannter Held? (vom Geheimdienst)

Bundespräsident
Schon Schiller hat in der Ode an die Freude, pardon,

Freiheit wollte ich sagen, geschrieben: Wandelt, Brüder, eure Bahn, freudig wie ein Held zum Siegen!

Präsident SMPK
Und da heißt es doch: **ein neuer Held den Deutschen ersteht. Ein rätselhafter Mann wirkt bei der großen Weltentscheidung mit, die sich nun unaufhaltsam formt. Er wird der Herr heißen vom Siebengestirn und schürfen aus tiefstem Geheimnis.** Wenn nun schon die Amerikaner, die so schön die deutschen Wissenschaftler als Kriegsbeute entführten, sollten sie denn Mann auch irgendwann mitnehmen; nicht heute; vielleicht aber morgen; aber keinen Fall mehr übermorgen.

Der Nullte Deutsche
Wenn es nicht bald geschieht, dann tritt endgültig der Artikel 36 der Haager Landkriegordnung in seine Kraft, die da lautet:

"Der Waffenstillstand unterbricht die Kriegshandlungen kraft eines wechselseitigen Übereinkommens der Kriegsparteien. Ist eine bestimmte Dauer nicht vereinbart worden, so können die Kriegsparteien jederzeit die Feindseligkeiten wieder aufnehmen, jedoch unter der Voraussetzung, dass der Feind gemäß den Bedingungen des Waffenstillstandes rechtzeitig benachrichtigt wird."

Und selbst die Bundeswehr dürfte nicht für eine feindliche Macht, wie es die US-Armee ist, kämpfen, denn im Artikel 45 heisst es unmissverständlich:.

"Es ist verboten, die Bevölkerung eines besetzen Gebietes zu zwingen, der feindlichen Macht den Treueeid zu leisten."

Doch die USA ist ja der Meinung, ihnen allein gehört der Erdball schon: und alle Völker und Nationen haben sich der Demokratie der USA mit Zwang freiwillig unterzuordnen

George Bush sen.
Wobei er natürlich skrupellos ist und den Artikel 41 der Haager Landkriegsordnung für sich persönlich in Anspruch nimmt, der da nun lautet:

"Die Verletzungen der Bedingungen des Waffenstillstandes durch Privatpersonen, die aus eigenem Antrieb, handeln, gibt nur das Recht, die Bestrafung der Schuldigen und gegebenen Falls eine Entschädigung für die erlittenen Schäden zu fordern."

Hinkley
Doch er ist nicht zu besiegen, und so können wir auch keine Forderungen stellen. Und nur Helden siegen! Sonst wären die Helden keine Helden mehr.

Botschafter USA
Können wir denn keine Helden in unserem Lande finden?

Pynnönen
Nicht den entscheidenden! Nicht den 1-A-Held! Da heißt es doch unmißverständlich: **eine große**

Weltentscheidung! Es ist eine große und keine kleine Dorfbürgermeisterentscheidung. Und sie wird von den Deutschen -. und wenn es auch nur einer ist - mitgetragen! Wie heißt es doch auf meiner Arbeitsstätte:
Rien ne va plus!!

(Sieben Posaunenstöße)

Stimme von allerhöchster Stelle

The show must go on!

Mauern öffnen sich und ein weißgekleideter Chor wird im Halbrund sichtbar und singt das Halleluja von Händel:

... denn ER regiert auf immer und ewig. Halleluja.

EPILOG

20. August 2003

Ort

Burgdorf (bei Hannover)

210 Wochen nach dem 11. August 1999
70 Wochen nach dem 17. April 2002

Pankratiuskirche

Teilnehmer

Dr. Ernst Albrecht
Ursula von der Leyen, dessen Tochter
Superintendant
Pastor Michael Schulze
Engel des Herrn

Uhrzeit

11 h 00

Superintendant
Man hat ein Jahr der Bibel ausgerufen, und wir werden heute erleben, dass wir eine Hannoverbibel abschreiben; das heißt, die Stadt Hannover hat ein Projekt initiert; da durfte ich dabei sein, das erarbeiten, dieses Projekt begleiten und so macht auch der Kirchenkreis Burgdorf an diesem Projekt mit. Da haben wir heute eine Aktion und viele werden abschreiben und auch die Ministerin für Soziales, Frau Dr. von der Leyen und der ehemalige Ministerpräsident Dr. Ernst Albrecht werden gemeinsam heute eine Seite der Bibel abschreiben. Freue mich, dass sie das hier tun; sie haben eine große Verbindung zu dieser Kirche. Sie haben viele schöne Gottesdienste gefeiert, aber ‚und auch traurige und sie haben beide gesagt: Ja, wir unterstützen diese Aktion und um auch andere einzuladen hier dann eine Seite der Bibel abzuschreiben. Und so haben wir viele Bürger und Bürgerinnen, die mit ihrer persönlichen Handschrift an der schönen und großen Hannover-Bibel mit gestalten. In den Druck soll es Ende November kommen, so dass es zu Weihnachten unter dem Gabentisch liegen kann. Es ist ein schönes Dokument der Zeitgeschichte und dann kann man später mal gucken, wer war alles so dabei.

Von der Leyen
Ich durfte den ersten Korinther Kapitel 12 Verse 5 bis 7:

Es sind mancherlei Gaben, aber es ist ein Geist. Und es sind mancherlei Ämter, aber es ist ein HERR.

Und es sind mancherlei Kräfte, aber es ist ein GOTT, der wirket alles in allen. In einem jeglichen erzeigen sich die Gaben des Geistes zum gemeinsamen Nutzen.

Ernst Albrecht
Ja, und bei mir ist es auch der erste Korinther 11, die Verse 23 bis 25:

Ich habe es von dem HERRN empfangen, dass ich euch gegeben habe, denn der Herr Jesus in der Nacht, da er verraten ward, nahm das Brot, dankte und brach es und sprach: Nehmet, esset, das ist mein Leib, der für euch gebrochen wird; solches tut zu meinem Gedächtnis. Deselbigenlichen auch der Kelch nach dem Abendmahl und sprach: Dieser Kelch ist das neue Testament in meinem Blut, solches tut, so oft ihr´s trinket, sollt ihr des Herrn Tod verkündigen, bis dass er kommt.

Superintendant
Wie haben sie das empfunden, wenn man handschriftlich die Bibel schreibt?

Von der Leyen
Ich war richtig aufgeregt und ehrfürchtig. Man hat ein wunderschönes Blatt vor sich. Ich habe das erste Mal einen Bibeltext abgeschrieben, und da nimmt man die Worte viel genauer war, wenn man sich genau konzentriert richtig zu schreiben; aber auch der Sinn des Textes fasst m viel intensiver. Es war im Bibeltext auch ganz schön zusammengefasst, was ich für meine Arbeit

mitnehme. Man hat verschiedene Gaben, man hat verschiedene Ämter, Kräfte dar zum Nutzen aller. Mein Amt ist augenblicklich schwierig; das heißt, ich muß meine Kraft und mein Amt einsetzen für alle, und das Geld ausgeben für die es wirklich brauchen!

Musik.

In dir ist Freude in allem Leide, oh du süßer Jesu Christ .... (Evangelisches Gesangbuch)

Engel des HERRN
Soll ich das wirklich abschreiben? Auch die Überschrift ?

Superintendant
Doch, aber ja, natürlich!

Engel des HERRN (denkt bei sich; das paßt zu dem was ich an meinem 50. Geburtstag -
(dem 25.06.2000)- geschrieben habe.)
Ich durfte dann Maleachi abschreiben: das 3. Kapitel, Verse 13 bis 18:

Der Tag des HERRN und sein Vorläufer

Ihr redet hart wider mich, spricht der HERR. So sprecht ihr: "Was reden wir wider dich?"
Damit dass ihr sagt: Es ist umsonst, dass man GOTT dient; und was nützt es, dass wir seine Gebote halten und ein hartes Leben vor dem HERRN ZEBAOTH führen? Darum preisen wir die Verächter, denn die Gottlosen nehmen zu, sie versuchen Gott und alles geht ihnen wohl aus.

Aber die Gottesfürchtigen trösten sich untereinander also: der HERR merkt es und hört es, und vor ihm ist ein Denkzettel geschrieben für die so den HERRN fürchten und an seinem Namen gedenken.

Sie sollen, spricht der HERR ZEBAOTH, an dem Tag, den ich machen will mein Eigentum sein, und ich will mich ihrer erbarmen, wie ein Mann sich seines Sohnes erbarmt, der ihm dient.

Ihr werdet am Ende doch sehen, was für ein Unterschied ist zwischen dem Gerechten und dem Gottlosen, zwischen dem, der Gott dient, und der ihm nicht dient.

Nachwort

Engel, der aus der Höhe kam:

(zitiert Maleachi ab Kapitel 3 weiter den Vers 19 bis zum Schluß etwas anders, dem Tag angepasst):

Denn siehe der Tag kommt, der brennen wird wie ein Ofen; und alle Stolzen, ja, und alle, die Schlechtes tun, werden wie Stoppeln brennen; denn die kommen, werden sie verbrennen, spricht der Herr der Heerscharen, so dass ihnen nicht Wurzel noch Zweig gelassen wird.
Seht: Euch wurde das Priestertum durch die Hand des Propheten Elija offenbart, ehe der große und

schreckliche Tag des HERRN kommt.

Und er wird die Verheißungen, die den Vätern gemacht worden sind, den Kindern ins Herz pflanzen, und das Herz der Kinder wird sich ihren Vätern zuwenden.

Wenn es nicht so wäre, würde die ganze Erde bei seinem 2. Kommen völlig verwüstet werden.

FINIS CORONAT OPUS

Hardy von Arendes geb. 25. Juni 1950
in Dorstadt (Niedersachsen)